100 Jahre GEHAG

Steffen Adam / Reinhard Wenzel (Hrsg.)

100 Jahre GEHAG
Gegenwart und Zukunft des Solidarischen Wohnungsbaus

Fachtagung am 13. April 2024 anlässlich der Gründung der Gemeinnützigen Heimstätten AG im Gewerkschaftshaus des ehemaligen ADBG

BeBra Wissenschaft Verlag

Inhalt

Steffen Adam
Zum Geleit: Wohnraum für alle – der solidarische Wohnungsbau 7

Beiträge der Fachtagung

Rolf Erler
Grußwort zum 100-jährigen Jubiläum der GEHAG 19

Sabine Ambrosius
Jubiläen des Neuen Bauens in Berlin 23

Steffen Adam
GEHAG – Vorbildlicher, solidarischer Wohnungsbau für jedermann 35

Reinhard Wenzel
Zerschlagung, Wiederaufbau, Verrat und Verkauf 49

Annett Jura
Aktuelle Aktivitäten und Instrumente der Bundesregierung
   in der Wohnungspolitik 57

Thomas Thaetner
Zukunft Baurecht im Spiegel der klassischen Moderne 61

Nikolaus Wolf
Zur Bauwirtschaft der klassischen Moderne:
   Was lehrt das Beispiel GEHAG? 69

Anis Ben-Rhouma / Robert Drewnicki
»Wohnraum gehört mit Verfassungsrang geschützt!«:
   So sollte Berlin seine Tradition des Werkswohnens wiederbeleben 81

Werbung der Förderer und ehemaliger Beteiligter der GEHAG

Materialien und Dokumente zur Fachtagung

Bruno Taut und Dr. Martin Wagner –
  Ostpreußens Beitrag zum solidarischen Wohnungsbau 93

August Ellinger –
  Wohnungsbau gewerkschaftlich, genossenschaftlich, gemeinnützig 99

Die Finanzierung der Wohnungsfrage und das Neue Bauen.............................. 103

Albert Kohn – Die Erfindung des gesunden Wohnens... 109

Anmerkungen zur Baukonstruktion der klassischen Moderne 115

Die Neue Gemeinnützigkeit im Wohnungsbau 135

taz-Interview mit Steffen Adam:
  »Den Städtebau sozial und für alle organisieren« 141

Anhang

Danksagung 150
Über die Autorinnen und Autoren 152
Personen- und Ortsregister 156
Abbildungsnachweis 159

Hufeisensiedlung Berlin 1933, Luftbild von Walter Mittelholzer.

Steffen Adam

Zum Geleit: Wohnraum für alle – der solidarische Wohnungsbau

Die wesentliche organisatorische Leistung der Gemeinnützigen Heimstätten AG (GEHAG) zur Errichtung bezahlbaren, hoch qualitativen Wohnraums für breite Schichten der Bevölkerung bestand in der Zusammenfassung progressiver Organisationen durch Dr. Martin Wagner und August Ellinger. Dazu gehörten bei der Gründung am 14. April 1924 diverse Gewerkschaften, Baugenossenschaften, die freien Baubetriebe und Baustoffproduzenten (Bauhütten), die Volksfürsorge (Rentenversicherung), die Allgemeine Ortskrankenkasse, die Konsumgenossenschaft und die Hauptstadt (Groß-)Berlin mit ihrer Wohnungsfürsorgegesellschaft. Unter dem Chefarchitekten Bruno Taut entstanden vorbildliche Siedlungen, von denen drei – in absehbarer Zeit vier – zum Welterbe der UNESCO gehören.

Bei der Fortführung der GEHAG 1952 auf Betreiben von Karl-Heinz Peters taten sich die Gewerkschaften DGB und DAG mit der Senatsverwaltung für Bau- und Wohnungswesen in West-Berlin zusammen. Es entstand die Gropiusstadt in Berlin-Neukölln sowie Wohnungsbau im Großraum Aachen.

Gemeinschaftliche, gemeinnützige Anstrengungen – solidarischer Wohnungsbau – scheinen eine Alternative zum gewinnorientierten Wohnungsbau der Privatwirtschaft zu bieten. Dem entgegen entfiel jedoch die Gemeinnützigkeit im Wohnungsbau. Die Gewerkschaften zogen sich aus der GEHAG zurück, die damit ein rein stadteigenes Wohnungsbauunternehmen wurde. Schließlich wurde selbst dies verraten und verkauft. Heute firmiert unter dem Namen GEHAG ein gewinnorientiertes Privatunternehmen unter Kuratel der Vonovia. Die offizielle Statistik stellt einen Fehlbestand an Wohnungen von knapp einer Million fest.

Angesichts des derzeit ungedeckten Bedarfs und der offenkundigen Fehlentwicklungen in der Immobilienwirtschaft luden Reinhard Wenzel (August Bebel Institut) und Steffen Adam (Mitglied im Vorstand des Architekten- und Ingenieurvereins zu Berlin-Brandenburg) anlässlich des 100. Gründungstags alle noch existierenden Organisationen der ehemaligen GEHAG, Vertreterinnen und Vertreter der Fachministerien, der Fachverwaltungen, Fachleute und die interessierte Öffentlichkeit zu einer Fachtagung ein. Dank der Unterstützung der Industriegewerkschaft Bergbau, Chemie Energie (Nachfolgerin einer Gründungsgewerkschaft der GEHAG) konnte diese Tagung im Gründungshaus der GEHAG stattfinden, genau in dem Saal in dem die GEHAG am 13. April 1924 gegründet worden war.

Den Veranstaltern ging es im Programm der Tagung darum, Handlungsoptionen für die Zukunft eines qualitativen und quantitativen Wohnungsbaus für breite Schichten der Bevölkerung aus den Erfahrungen und Erkenntnissen der Vergangenheit abzuleiten.

Annett Jura, Abteilungsleiterin Wohnungswesen und Immobilienwirtschaft im Bundesministerium für Wohnen, Stadtentwicklung und Bauwesen (BMWSB), konnte gewonnen werden, die Ziele der Bundesregierung zu erläutern, die Gemeinnützigkeit im Wohnungswesen wiedereinzuführen. Im Juni 2024 wurde die entsprechende Gesetzesvorlage in Zusammenarbeit mit dem Bundesministerium für Finanzen ins Parlament eingebracht.

Staatssekretär Stephan Machulik aus der Senatsverwaltung für Stadtentwicklung, Bauen und Wohnen, Aufsichtsrat in den stadteigenen Wohnungsunternehmen GESOBAU und GEWOBAG, berichtete über die Anstrengungen des Senats von Berlin, den Wohnungsbau in der Hauptstadt zu fördern.

Sabine Ambrosius, Referentin für Weltkulturerbe im Landesdenkmalamt, stellte die »Siedlungen der Berliner Moderne« als Vorbild für den aktuellen und zukünftigen Wohnungsbau dar, insbesondere im Hinblick auf anstehende Jubiläen der Siedlung am Schillerpark, Hufeisensiedlung, Waldstadt Zehlendorf Onkel Toms Hütte, Wohnstadt Carl Legien, Weiße Stadt, Großsiedlung Siemensstadt, die alle vor etwa 100 Jahren entstanden.

Rolf Erler, Bezirksleiter Berlin-Mark-Brandenburg der Industriegewerkschaft Bergbau, Chemie, Energie (*IGBCE*), nutzte die Eröffnung der Fachtagung für die Initiative der Gewerkschaft, Arbeitgeber zum Bau von Werks- und Angestelltenwohnungen anzuregen. Anis Ben Rhouma, Gewerkschaftssekretär, führte die Forderung der IGBCE detaillierter aus.

Roland Issen, langjähriger Vorsitzender der Deutschen Angestellten Gewerkschaft (DAG) und Sozialdemokrat, erklärte, dass der Wohnungsbau der Arbeitnehmervertretungen immer ein wirtschaftlicher Erfolg für die Gewerkschaft gewesen sei. Der Skandal um die Neue Heimat habe diesen Erfolg bis heute überschattet. Dr. Hartmut Simon und Dr. Patrik Schreiber, Vereinte Dienstleistungsgewerkschaft ver.di, hatten die Teilnahme Roland Issens an der Tagung ermöglicht.

Der Erfolg im Wohnungsbau der 1920er Jahre in Deutschland ist auch auf die baurechtlichen Voraussetzungen zurückzuführen. Dr. Thomas Thaetner, Fachanwalt für Bau- und Architektenrecht und Partner in der Kanzlei BEUERMANN + PARTNER, Mitglied ARGE Baurecht mit den Schwerpunkten Privates Baurecht, Recht der HOAI (Architekten und Ingenieure), Baubegleitende Rechtsberatung und Vertragsgestaltung, stellte die Bauordnungen von Berlin in den Zusammenhang mit den aktuellen baujuristischen Vorgaben.

Die wirtschaftlichen Aspekte des Wohnungsbaus stellte Prof. Dr. Nikolaus Wolf, Lehrstuhl für Wirtschaftsgeschichte an der Humboldt Universität, mit dem Ausblick auf Förderungsvoraussetzungen für die aktuelle Bauwirtschaft nach dem Vorbild der Hauszinssteuer und des Genossenschaftswesens dar.

Die Herausgeber dieses Bandes setzten sich mit den politischen Lehren auseinander, die sich aus der Geschichte der Gemeinnützigen Heimstätten AG ableiten lassen.

Als Ehrengäste der Tagung waren eingeladen:

Dr. med. Tim K. Peters als Vertreter für seinen Vater Karl Heinz Peters, mit dem er 2016 noch das Buch »Von der Gemeinnützigkeit zum Profit: Privatisierungsopfer Gehag – Herausforderung für alternative Wohnungspolitik« herausbrachte;

Fred-Raimund Winkler, Assistent im Vorstand der GEHAG, leitete später die Berliner Baugenossenschaft BBG und wurde mit dem Bundesverdienstkreuz ausgezeichnet;

Klaus Stöber, der Leiter der Portfolioabteilung die GEHAG-Immobilien in Ostberlin und der verflossenen DDR für das Unternehmen zurückgewann – eine davon ist das heutige Welterbe »Wohnstadt Carl Legien« in Berlin-Prenzlauer Berg;

Bernhard Freund, Leiter der Planungsabteilung der GEHAG in Berlin, interner Unternehmenswettbewerb Alt-Mariendorf, erster Preis und Realisierung Architekt Horst-Dieter Adam;

Dr. Thomas Nolte, letzter Leiter der Planungsabteilung der GEHAG in Berlin;

für den ADGB und seine berühmten Vorsitzenden Carl Legien und Theodor Leipart wurden deren Nachfolgerin im Amte, die heutige DGB-Vorsitzende Yasmin Fahimi, und Katja Karger für den DGB Bezirk Berlin-Brandenburg eingeladen; für den AfA-Bund mit seinem Vorsitzenden Siegfried Aufhäuser, später DAG, Roland Issen, im Verbund mit sechs weiteren Einzelgewerkschaften Dr. Hartmut Simon und Dr. Patrik Schreiber von Verdi; Rolf Erler und Anis Ben-Rhouma für den Verband Deutscher Fabrikarbeiter unter August Brey – Industriegewerkschaft Bergbau, Chemie, Enerie (IGBCE); für die ehemalige DAG Roland Issen – einer der letzten Aufsichtsräte der GEHAG; für den Verband Deutscher Bauarbeiter mit seinem Vorsitzenden Fritz Paeplow – heute IG BAU – Anja Scholze, Axel Haese und Thomas Hentschel; Dr. sc. oec. Larissa Kinzing, ehemalige Gewerkschaftsvorsitzende GW und GEW;

Uwe Springer vom von Emil Müller gegründeten Wohnungsbauverein Neukölln; Dirk Lönnecker – Vorstand der Wohnungsbaugenossenschaft von 1892 mit Ludwig Schmidt; Daniel Schulz von der von Georg Dorner geführten Arbeiterbaugenossenschaft Paradies in Bohnsdorf; Stephan Greiner-Pretter und Roland Stahn – Freie Scholle Tegel mit Paul Tappert; Michael Abraham von der BG Ideal unter Alois Gross;

Staatssekretär Stephan Machulek von der Senatsverwaltung für Stadtentwicklung für die ehemalige Wohnungsförderungsgesellschaft der Stadt Berlin mit Emil Wutzky; Dr. Carola Reimann für den AOK-Bundesverband, Daniela Teichert für die AOK-Nordost – damals AOK Berlin unter Leitung von Albert Kohn; für Andreas Mirus und seine Konsumgenossenschaft Berlin und Umgegend eG Ute Grünberg-Reichel und Carsten Walther.

Ohne nachfolgende Organisation, oder mehrfach verkauft, sind heute die von Heinrich Bachem geleitete Arbeiter- und Beamtenbank, die Volksfürsorge Rentenversicherung mit Fritz Kloss und die Baugenossenschaft Lichtenberger Gartenheim LiGa unter Anton Knieriemen.Zum Fachpublikum der Tagung zählten: Melanie Semmer, Vize-

Gründungshaus der GEHAG, Gewerkschaftshaus Mitte, Inselstraße 6, Wallstraße 62–65, 10119 Berlin, Veranstaltungsort zur Fachtagung »Solidarischer Wohnungsbau aus Anlass 100 Jahre GEHAG.

vorsitzende des Architekten- und Ingenieurvereins zu Berlin-Brandenburg, und dessen Ehrenvorsitzender Dr. Manfred Semmer mit Ernst-Wolf Abbé; und dem Ehrenmitglied Dr. Peter Lemburg;

Dr. Stefan Müller, Leiter des Referats »Public History« im Archiv der sozialen Demokratie der Friedrich-Ebert-Stiftung;

Florian Geyder, Bundesministerium Wohnen, Stadtentwicklung und Bau, Referat W I 2, Sozialer Wohnungsbau und Wohnungsgenossenschaften;

der Architekt Winfried Brenne, Mitinitiator des Welterbes »Siedlungen der Berliner Moderne« von 2008 und Sachwalter der Bauten von Bruno Taut; der Vorstand von do.co.mo.mo. Deutschland e.V., Franz Jaschke, der Architekt Sigurd Nietfeld, der Designer Ben Buschfeld (DWB, BFGG, DOCOMOMO, KENB, ISTD); Andreas Bartz, Leiter des Studentenwohndorfs Schlachtensee, Bodo Göbel, Bauingenieur; Dr. Thomas Beutelschmidt, Medienhistoriker und freiberuflicher Publizist, Regisseur und Kurator; Jan Kuhnert, Geschäftsführer KUB Kommunal- und Unternehmensberatung GmbH.

Die Handwerkskammer Berlin war durch Assessor Florian Hille, Rechtsabteilung, vertreten.

Dem August Bebel Institut und dem Architektenverein schien es für die weitere Verbreitung des Solidarischen Wohnungsbaus wichtig, sowohl die Fachvorträge, Interviews und Kommentare als auch die im Rahmen der Vorbereitung entstandenen Fachartikel als Buch zu publizieren. Dieses Vorhaben unterstützten ideell und materiell durch ihre Spenden:

die Friedrich-Ebert-Stiftung e.V., Archiv der sozialen Demokratie, Referat Public History, das Landesdenkmalamt Berlin, die Arbeiterbaugenossenschaft Paradies, die Baugenossenschaft Ideal, Verdi, IG Bau, der Bundesverband der Ziegelindustrie, das Studentendorf Schlachtensee eG und Bodo Göbel.

Im Ergebnis der Tagung wurde in der Wiedergewinnung der Solidarität im Wohnungsbau und der Wohngemeinnützigkeit eine Chance erkannt, nachhaltigen und preisgünstigen Wohnungsbau durch Zusammenfassung gesellschaftlicher Organisationen und Institutionen wieder zu beleben: Der solidarische Wohnungsbau.

Eingangsfoyer des Gewerkschaftshauses.

Dr. Peter Lemburg, Christian Müller, Dipl.-Ing. Steffen Adam.

Begrüßung durch Dipl.-Ing. Steffen Adam und Dipl.-Pol. Reinhard Wenzel.

Grußwort durch Rolf Erler, Vorsitzender der IG Bergbau, Chemie Energie Nord-Ost.

Vortrag Sabine Ambrosius, Referat Welterbe im Landesdenkmalamt Berlin.

Vortrag Dipl.-Ing. Steffen Adam, Mitglied im Vorstand des Architekten- und Ingenieurvereins zu Berlin-Brandenburg.

Vortrag Dipl.-Pol. Reinhard Wenzel.

Vortrag Annett Jura, Abteilungsleiterin Wohnungswesen und Immobilienwirtschaft Bundesministerium für Wohnen, Stadtentwicklung und Bauwesen (BMWSB).

Dr. Roland Issen, ehemaliger Aufsichtsrat der GEHAG und Vorsitzender der DAG.

Vortrag Prof. Dr. Nikolaus Wolf, Humboldt-Universität zu Berlin.

Vortrag Dr. Thomas Thaetner, RA Breuermann Partner.

Podiumsdiskussion »Solidarischer Wohnungsbau« v.l.n.r: Dr. Patrick Schreiber – Verdi; Roland Issen – GEHAG, Anis Ben-Rhouma – IGBCE; Anja Scholze – IGBAU; Uwe Springer – WBV Neukölln, Stephan Machulik Staatssekretär für Wohnen und Mieterschutz in der Berliner Senatsverwaltung für Stadtentwicklung, Bauen und Wohnen.

„Taut Blau" Hufeisensiedlung, Großsiedlung Britz, 1. und 2. Bauabschnitt: Terranova Nr. 8865 N, entspricht Keim Granital Nr. 0377, gemäß Farbgutachten Architekturwerkstatt Pitz-Brenne

Beiträge der Fachtagung

Rolf Erler

Grußwort zum 100-jährigen Jubiläum der GEHAG

Rolf Erler.

*Sehr geehrte Damen und Herren,
lieber Herr Adam, lieber Herr Wenzel,*
ich begrüße Sie herzlich in diesem historischen Gebäude und freue mich, dass so viele am Thema interessierte, aber vor allem auch mit dem Thema Wohnen beruflich beschäftigte Menschen – trotzdem es ein Samstag ist und ein durchaus anspruchsvolles Programm heute vor Ihnen liegt – den Weg zu uns geschafft haben. Uns heißt in diesem Fall die Industriegewerkschaft Bergbau, Chemie, Energie (IGBCE) in Berlin, die ich als Bezirksleiter und somit auch als Hausherr hier vertreten darf.

Inhaltlich liegt ein spannender Ritt durch die 100-jährige Geschichte einer recht einzigartigen Berliner Story über »Wohnen für arbeitende Menschen«, wie ich es mal nennen möchte, vor uns. Die GEHAG ist die Institution, die dahinter steht und Sie werden noch den gesamten Background dazu erfahren. Daher will ich mich inhaltlich kurzfassen. Gestatten Sie mir drei Anmerkungen vorweg zu Beginn dieser Tagung: Zwei davon beziehen sich primär auf dieses Gebäude, eine auf die aktuellen Herausforderungen der Politik beim Thema Wohnen.

Erstens

Vor 100 Jahren, am 14. April 1924, haben sich die »Aktionäre« der GEHAG zur Gründungsversammlung genau in diesem Raum, in dem wir heute sitzen, getroffen. Auch dabei unsere gewerkschaftlichen Vorgängerorganisationen, die Stadt Berlin und auch Vertreter der Krankenkassen.

Ich habe mich gefragt, warum Vertreter der Krankenkassen? Wenn man in die Gründungsmotive der GEHAG schaut, dann ist die Situation von Beschäftigten, die auf engstem Raum lebten und somit auch viel eher das Risiko getragen haben, sich mit Krankheiten anzustecken, wenn ich es richtig verstanden habe, ein wichtiger Aspekt gewesen. Zynisch könnte man sagen, auch zur Sicherung der Beschäftigungsfähigkeit war es nötig, dass Wohnungen für Arbeiter zu bezahlbaren Preisen gebaut werden. Und, verzeihen Sie mir diese realistische Sichtweise, aber ich bin schon lange genug dabei, so ist das auch heute noch im Kapitalismus.

Wenn wir das Unternehmertum davon überzeugen wollen, heute wieder in Wohnungen für Beschäftigte zu investieren, müssen sie ihre Vorteile dabei erkennen. Die Stichworte hierzu sind Fach- und Arbeitskräftemangel!
Vor 100 Jahren wurde an dieser Stelle auch beschlossen, dass im Rahmen der GEHAG selbst die eigenen Baustoffe unter Kontrolle der Arbeiter hergestellt werden. Aus unterschiedlichen Gründen wird das nicht mehr funktionieren, aber, wenn wir heute hier in diesem Saal sitzen, wo vor 100 Jahren die Vorgängerorganisationen die GEHAG gegründet haben, sollten wir uns wieder bewusstwerden, wie innovativ und auch erfolgreich die Arbeiterschaft damals beim Thema Wohnen gewesen ist.

Zweitens

Es gehört leider auch zur Wahrheit, dass dieser Erfolg nur von kurzer Dauer war und tragisch endete. Am 30. Januar 1933 sind die Nazis an die Macht gekommen, bzw. haben sie Konservative und Rechtskonservative in die Machtpositionen gebracht. Die freien Gewerkschaften versuchten zuerst – und das ist kein Ruhmesblatt, aber möglicherweise zum damaligen Zeitpunkt anders zu verstehen – auf die Hitler-Regierung zuzugehen und somit den größten Schaden von ihren Mitgliedern abzuwenden. Hitler ging scheinbar darauf ein, machte sogar den 1. Mai zum Feiertag und ließ dann am 2. Mai die Gewerkschaftshäuser – auch dieses! – von seinen SA-Schergen und den mittlerweile unterstellten Polizeiapparaten stürmen, die freien Gewerkschaften verbieten und unsere Kolleginnen und Kollegen nach Oranienburg verschleppen. Der 1. und der 2. Mai sind schon in Sichtweite und wir werden wie jedes Jahr auch wieder unserer verschleppten und misshandelten Kollegen gedenken und sehen das – auch bei heute offen geführten Diskussionen über »Remigration« und Ähnliches – als ständige Mahnung. Auch das gehört zur 100-jährigen Geschichte dieses Hauses und somit zur Geschichte der GEHAG.

Drittens

Womit wir wieder im heute sind. In dieser Woche fand wieder ein großer Baugipfel statt. Ergebnis: Die wohnungspolitischen Ziele der Bundesregierung werden bei Weitem nicht erfüllt. Im Übrigen auch nicht die des Berliner Senats. Jetzt könnte man meinen, warum sagt ihr eigentlich als Gewerkschaften was dazu? Kümmert euch bitte um Tarifverträge und Arbeitsschutz, das sind eure Aufgaben, und mischt euch nicht in die Wohnungspolitik ein.

Aber die Geschichte der GEHAG zeigt uns doch, auch für heute, dass das Thema Wohnen immer schon ein Thema für Gewerkschaften gewesen ist und es auch eins sein muss! Wir sehen doch die Beschäftigten nicht nur, wenn sie durchs Werkstor gehen, wir sehen sie als Menschen mit ihren Familien, die nach und vor der Arbeit eine sichere Bleibe brauchen. Und daran mangelt es im Moment sehr.

Wir haben sowohl bei uns in der IGBCE wie auch in unseren Betrieben vielfach Leute, die nicht mehr nach Berlin zum Arbeiten kommen wollen oder besser gesagt kommen können, weil sie keine Wohnung mehr für sich und ihre Familien finden! Viele Menschen leben in viel zu kleinen Wohnungen. Die Tendenzen zum Home-Office und zum Abbau von Büroflächen machen das Ganze noch viel schlimmer. Mein Kollege Anis Ben-Rhouma wird das nachher in der Podiumsdiskussion weiter ausführen. Vielleicht finden sich in der beeindruckenden Geschichte der GEHAG, die Sie heute vertiefen werden, ein paar Impulse dazu, auch für das Heute.

Ich wünsche Ihnen und euch eine gelungene Veranstaltung!

Sabine Ambrosius

Jubiläen des Neuen Bauens in Berlin

Die »Siedlungen der Berliner Moderne« begehen ihre 100-jährige Grundsteinlegung

Die sechs »Siedlungen der Berliner Moderne« gehören seit dem 7. Juli 2008 zum UNESCO-Welterbe. Das Welterbekomitee der UNESCO würdigte damit deren außergewöhnliche Bedeutung und internationale Strahlkraft in vielfacher Hinsicht. Mit der Aufnahme entsprach das Komitee auch der UNESCO-Strategie, Stätten der Moderne vermehrt als Welterbe zu schützen. Ihre internationale Beachtung beruht nicht nur auf ihrer architektur- und städtebaulichen Bedeutung, sondern ganz besonders auch auf dem guten Überlieferungszustand, in dem sich die Siedlungen befinden.[1]

Die sechs repräsentativen Ensembles liegen in sieben Bezirken weit über die Metropole Berlin verteilt. Weil es keine räumliche Verbindung zwischen ihnen gibt, werden sie auch in die Kategorie der »seriellen Welterbestätten« eingereiht. Nur gemeinsam bilden die sechs Siedlungen die definierten Werte des geschützten Welterbes ab und alle Bestandteile der Welterbestätte genießen gleichermaßen ihren Schutzstatus.

Nach mehr als 10 Jahren erfolgte 2021 der Aufruf der Kultusministerkonferenz zum Einreichen neuer Vorschläge für die deutsche Tentativliste (Vorschlagsliste) der UNESCO. Berlin reagierte mit dem Vorschlag, die Waldsiedlung Zehlendorf (auch als »Siedlung Onkel Tom« bekannt) als Ergänzung zu den sechs bestehenden Siedlungen nachzureichen. Denn obwohl seinerzeit eine intensive fachliche Abwägung erfolgte, welche der 300 denkmalgeschützten Berliner Siedlungen zur Serie dazugehören sollten, wurde die Waldsiedlung – obwohl in der engsten Auswahl – schließlich doch nicht aufgenommen, da zum damaligen Zeitpunkt ihr Erhaltungszustand nicht überzeugte.

Inzwischen steht die weitgehend sanierte Waldsiedlung auf der deutschen Tentativliste und das Dossier für die Erweiterung der Bestandswelterbestätte soll schon im Februar 2025 der UNESCO eingereicht werden. An den erforderlichen Unterlagen arbeitet aktuell ein kleines Team von Experten zusammen mit dem Landesdenkmalamt Berlin. Wenn demnächst alle Texte geschrieben, alle Formalien erfüllt sind und die fachliche Prüfung der Einschätzung vieler Experten in Berlin standhält, könnte die Waldsiedlung frühestens 2026 Teil der Welterbestätte der Berliner Moderne werden. Drücken Sie uns die Daumen!

---

1 Vgl. Siedlungen der Berliner Moderne. Nominierung für die Welterbeliste der UNESCO. Hrsg.: Landesdenkmalamt Berlin, Berlin 2007 (1. Auflage)

Was macht diese sieben Siedlungen welterbewürdig?

Die UNESCO-Siedlungen bezeugen bis heute einen Wendepunkt im Städtebau- und Wohnungswesen. In Folge der verheerenden Auswirkungen des ersten Weltkriegs, des gesellschaftlichen Zusammenbruchs und als Antwort auf die sich in den 1920er Jahren verschärfende Wohnungsnot entstand in kürzester Zeit ein umfassendes Wohnungsbauprogramm, das Wohnraum für die breite Bevölkerung schaffen sollte. Mit großmaßstäblichen Siedlungen in serieller Bauweise schufen visionäre, reformorientierte und der Moderne zugewandte Architekten und Gartenplaner städtebauliche und architektonische Leitbilder, die bis heute als Vorbilder international anerkannt werden. Es entstanden moderne, beheizbare Wohnungen mit Küchen, Bädern und Balkonen und gesunde Wohnverhältnisse mit genügend »Licht, Luft und Sonne«. Sie alle sind ein Abbild der gemeinwohlorientierten Baupolitik der Weimarer Republik.

Höhepunkt dieser Entwicklung sind die sieben (gestatten Sie mir, dass ich die Waldsiedlung schon einmal dazuzähle) Siedlungen der Berliner Moderne. Jede dieser zwischen 1913 und 1934 entstandenen Siedlungen bildet eine andere Variante des modernen Wohnungsbaus ab, die ich Ihnen im Folgenden kurz charakterisiere möchte.

Siedlung am Schillerpark, 1924–1930

Mit der innerstädtischen Anlage löst Bruno Taut, Architekt und Freiraumplaner dieser Siedlung, erstmals das Wohnblocksystem auf und schafft stattdessen eine halboffene Bauweise mit aufgelösten Blockrändern und einer halböffentlichen Grünanlage. Es entstanden großzügige Grünanlagen als »Außenwohnräume«. Die Siedlung entstand als erstes großstädtisches Wohnprojekt nach der Einführung der Hauszinssteuer und wurde zum Prototypen des kompakten sozialen Wohnungsbaus in Berlin.

In den Grundrissen entwickelte Taut Qualitäten wie Balkon, Loggia, Bad und Möglichkeit der Querlüftung, die ab 1924 als Standards gesetzlich vorgegeben waren. Die Siedlung am Schillerpark mit ihren Flachdächern ist eines der ersten Beispiele für den Stil des Neuen Bauens in Berlin. Städtebaulich und architektonisch bezieht sich Taut auf die moderne Architektur Hollands. Insbesondere die Arbeit von Jakobus Johannes Pieter Oud (1890–1963) inspirierte ihn ebenso wie die Backsteinbauweise Amsterdams.

Großsiedlung Britz (Hufeisensiedlung), 1925–1931

Im Auftrag der GEHAG und in enger Zusammenarbeit mit Martin Wagner (1885–1957), der zwischen 1924 und 1926 die GEHAG leitete, entwickelte Bruno Taut den Städtebau und entwarf die meisten Wohnhäuser der Hufeisensiedlung. Im Zentrum der Wohnanlage arrangierte er das prägnante städtebauliche Motiv des Hufeisens um einen eiszeitlichen Pfuhl, ergänzte diese Figur um eine rautenförmige Reihenhausanlage und machte Asymmetrien sowie versetzte Häuserzeilen zum städtebaulichen Prinzip. Eine Wohnzeile geht auch auf Martin Wagner selbst zurück, während die Freiflächen durch den Gartenarchitekten Leberecht Migge (1881–1935) entworfen

Siedlung am Schillerpark, 1. Bauabschnitt, Bristolstraße 1–5, Ecke Windsorer Straße,

Großsiedlung Britz (Hufeisensiedlung), Bauteil Martin Wagner, Stargrader Straße,

wurden. Mit den 1638 Geschosswohnungen und 679 Einfamilienhäusern der Hufeisensiedlung erschufen Taut, Wagner und Migge zum ersten Mal eine Großsiedlung als Mischform aus Gartenstadtelementen und großstädtischem Siedlungsbau für circa 8000 Menschen.

Waldsiedlung Zehlendorf (Siedlung Onkel Tom), 1926–1931

Auch im Auftrag der GEHAG, aber ganz anders als die Hufeisensiedlung, gestaltete Bruno Taut die Waldsiedlung Zehlendorf, die sich durch ein Höchstmaß an Naturnähe auszeichnete. Der Name »Waldsiedlung« ist Programm: Sie wurde in den waldreichen Berliner Forst und die anschließende Heidelandschaft hineingebaut. Die weitläufige Anlage aus Geschosswohnungsbau und Reihenhäusern für Familien vermittelt zusammen mit dem außergewöhnlichen, vielgliedrigen Farbkonzept und dem alten Kiefernbestand im Vordergrund eine heitere und wohltuende Atmosphäre. Noch viel ausgereifter ist das Konzept von »Licht, Luft und Sonne« hier umgesetzt: Jede Wohneinheit bietet ihren Bewohnern einen direkten Zugang zum »Lebensraum im Freien«. Neu an der Siedlung ist auch die Einrichtung eines eigens angelegten Bahnhofs, der mit seinen Ladenpassagen ein früher Vorgänger der heutigen Shopping-Bahnhöfe sein dürfte.

Die städtebauliche Figur und der Großteil der Mehr- und Einfamilienhäuser geht auf Bruno Taut zurück. Einige Straßenzüge errichteten Hugo Häring (1882–1958) und Otto Rudolph Salvisberg (1882–1940); die Gestaltung des Siedlungsfreiraums erfolgte wie schon in der Hufeisensiedlung durch den Gartenarchitekten Leberecht Migge. Die sensationelle Bahnhofumbauung mit seiner Einkaufspassage geht auf Otto Rudolph Salvisberg und Wilhelm Reichelt zurück.

Gartenstadt Falkenberg, 1913–16

Die älteste der Siedlungen ist die Gartenstadt Falkenberg von Architekt Bruno Taut (1880–1938) und Gartenarchitekt Ludwig Lesser (1869–1957)[2]. Sie wurde vor dem Ersten Weltkrieg begonnen und nie zu Ende gebaut. Noch der englischen Gartenstadtidee von Ebenezer Howard (1850–1928) verpflichtet, ist die Siedlung ein frühes Beispiel für eine genossenschaftlich organisierte Gartenstadt am Rande Berlins.

In serieller Bauweise entstanden innovative Raumkompositionen, bei denen die Küche an der Gartenseite platziert wurde mit Zugang zum Selbstversorgergarten. Auffälligstes Merkmal ist die expressive Farbigkeit, mit der Bruno Taut erstmals der Siedlung eine bis dahin unbekannte Ästhetik verlieh.

Auffälligstes Merkmal der Siedlung ist ihre expressive Farbigkeit. Sie artikuliert die Prinzipien der architektonischen und städtebaulichen Komposition und bildet zugleich eine bewusste Alternative zur bis dahin üblichen, teuren Bauskulptur und Ornamentik.

---

2   Der Vollständigkeit halber sei hier der Architekt Heinrich Tessenow (1876-1950) als Planer für das Wohnhaus Am Falkenberg 119 zu nennen.

Waldsiedlung Zehlendorf (Onkel Toms Hütte), 4. Bauabschnitt, Bruno Taut, Eisvogelweg,

Gartenstadt Falkenberg (Tuschkastensiedlung), 2. Bauabschnitt, Bruno Taut, Gartenstadtweg,

Farblich kontrastierende Baudetails – Fenster, Fensterläden, Gesimse, Brüstungen, Veranden und hölzerne Balkonbrüstungen – verstärken die Wirkung der Fassadenfarben, bilden aber auch eine gestalterische Klammer über alle Bauten hinweg.

2028 Wohnstadt Carl-Legien

Die urbanste und kompakteste der Welterbesiedlungen ist die im Auftrag der GEHAG errichtete Wohnstadt Carl Legien, die in das Straßenraster des 19. Jahrhunderts eingebunden ist. Namensgeber wurde der erste Vorsitzende des 1919 gegründeten Allgemeinen Deutschen Gewerkschaftsbundes.

Durch die geschickte städtebauliche Ausrichtung der drei U-förmigen Geschosswohnungsbauten gelang es Bruno Taut in vorbildlicher Weise, trotz der innerstädtischen Lage den Bewohnenden Zugang zu Licht, Luft und Sonne zu ermöglichen. Er verkleinerte die Straßenräume zugunsten weiträumiger Innenhöfe. Die funktional gestalteten, begrünten Innenhöfe waren für Taut integraler Bestandteil der Siedlung und dienen bis heute als Gemeinschaftsräume. Durch die Nord-West-Ausrichtung der langen Gebäudekörper entstanden gut durchlichtete und durchlüftete gesunde Wohnflächen. Die kleinen Wohnungen mit optimalen Grundrissen, sonnigen Loggien, Bädern und Küchen stellten einen neuen Typus von Stadtwohnung dar.

Weiße Stadt, 1929–1931

Die Weiße Stadt und die Großsiedlung Siemensstadt wurden finanziert aus einem Sonderetat des Magistrats in Höhe von 15 Millionen, aufgelegt zu einer Zeit, als andere Geldquellen wie z.B. die Hauszinssteuer langsam versiegten. Insofern sind beide Siedlungen wohnungspolitische Schlüsselbauten der späten 1920er Jahre.

Bauträger der Weißen Stadt war die »Gemeinnützige Heimstättengesellschaft Primus mbH«. Wie zeitgleich auch in der Siemensstadt (s.u.) bildete sich eigens für dieses Wohnprojekt eine Arbeitsgemeinschaft aus. Unter der Regie von Martin Wagner errichten Otto Rudolph Salvisberg, Bruno Ahrends (1878–1948) und Wilhelm Büning (1881–1958) insgesamt 1268 Geschosswohnungen mit 1–2 ½ Zimmern. Die städtebauliche Figur entwickelte Otto Rudolph Salvisberg und die Gartenplanung erfolgte durch Ludwig Lesser.

Die Weiße Stadt ist der Inbegriff einer modernen und funktionalen Großwohnanlage der Metropole. Sie wurde aus teilweise vorgefertigten Bauteilen errichtet. Die Anlage besteht großenteils aus zeilenartig angelegten Geschossbauten und wird an ihren Eingängen von jeweils paarweise angeordneten vertikalen Dominanten akzentuiert. Demgegenüber setzt das markante Brückenhaus städtebaulich eine räumliche Vertikale. Das starke Bild des Brückenhauses, das die axiale Allee überspannt, ist ein Symbol für neue ästhetische und technologische Innovationen. Mit der programmatischen weißen Farbgebung der Mehrfamilienhäuser stellt sich die Siedlung in die Reihe mit Gebäuden der internationalen Moderne. Eine Vielzahl von Gemeinschaftseinrichtungen wie ein zentrales Heizhaus und funktionale Außenanlagen sorgen für hohe soziale und hygienische Standards.

Wohnstadt Carl-Legien, 2. Bauabschnitt, Bruno Taut, Erich-Weinert-Straße.

Weiße Stadt, Bauteil Bruno Ahrends, Aroser Allee Ecke Emmentaler Straße,

Großsiedlung Siemensstadt (Ringsiedlung), 1929–1934

Hinter der Großsiedlung steht die progressive Architektenvereinigung »Der Ring«, die sich 1923/24 mit dem Ziel gegründet hatte, Neues Bauen zu propagieren. Rund um Martin Wagner erschufen namhafte Architekten wie Hans Scharoun (1893–1972), Walter Gropius (1883–1969), Fred Forbat (1897–1972), Otto Bartning (1883–1959), Paul Rudolf Henning (1886-1986) zusammen mit dem Gartenarchitekten Leberecht Migge die Berliner Ringsiedlung. Sie ist eine programmatische Architekturausstellung, die den internationalen Stil zeigt. Stärker noch als die gleichzeitig begonnene Weiße Stadt nimmt die Ringsiedlung das Modell der aufgelockerten, durchgrünten Stadtlandschaft vorweg und weist auf den Wohnungsbau der Zeit nach 1945 hin. Trotz formaler Strenge der streng in Nord-Südrichtung ausgerichteten Zeilenbauten ergibt sich architektonisch ein vielgestaltiges Bild. Die Architekten experimentierten mit Grundrissen, um die Lebensbedingungen der Bewohnenden zu optimieren. Ein Heizwerk, eine Wäscherei und vielfältige Außenanlagen sorgen für einen hohen Wohnstandard.

Das Festival

Ab 2024 begehen die »Siedlungen der Berliner Moderne« Jahr um Jahr das 100-jährige Jubiläum ihrer jeweiligen Grundsteinlegung. Aus diesem Anlass initiierte das Landesdenkmalamt ein neues Format. Unter dem Namen »Das Festival. Siedlungen der Berliner Moderne« soll pro Jahr eine der Siedlungen mit einer ungewöhnlichen Kulturveranstaltung ausgezeichnet werden.

Ziel ist es einerseits, ganz lokal und vor Ort durch eine spartenübergreifende Kulturveranstaltung die emotionale Bindung der Bewohnerschaft an ihren Wohnort zu befördern. Es soll das Bewusstsein für die Stätte und ihrer Umgebung geschärft und die Achtsamkeit gesteigert werden. Andererseits ist das Land Berlin mit der Bewerbung um eine Welterbestätte und mit dem Zuschlag durch die UNESCO 2008 eine große Verpflichtung eingegangen: Es gilt, die Welterbestätte zu erhalten, zu pflegen und – einem Leuchtturm gleich – durch ihr in jeder Hinsicht vorbildhaftes Erscheinungsbild in die Welt zu strahlen. Es gilt weiterhin, die Werte und Qualitäten, die auch im gemeinwohlorientierten miteinander Bauen bestehen, zu leben und davon zu erzählen. Und nicht zuletzt sollen sie lokal durch eine beispiellose Verankerung in der UNESCO-Konvention von 1972 die allgemein gültigen strategischen Ziele der UNESCO veranschaulichen, die langfristig global für Frieden, gute Lebensbedingungen für die Menschen, Bildung, Gleichheit, Gerechtigkeit, Kommunikation und Nachhaltigkeit sorgen.[3]

Das Festival wird jeweils mit den örtlichen »Stakeholdern« einer Siedlung veranstaltet – im Welterbejargon bezeichnet das die im weitesten Sinne beteiligten Personen. So feiern wir 2024 gemeinsam mit der »Berliner Bau- und Wohnungsgenossenschaft 1892

---

3   Zum gesetzlichen Rahmen, den Zielen und Aktivitäten siehe auch www.unesco.org; zu den Strategischen Zielen im Besonderen vgl. www.unesco.org/en/sdgs

Großsiedlung Siemensstadt, Bauteil Hans Scharoun, Jungfernheideweg,

Festival des Weltkulturerbe Siedlungen der Berliner Moderne.

e.G.« das Jubiläum der Siedlung am Schillerpark. Gemeinsam mit der Genossenschaft, deren eigens gegründetem Welterbeverein und der Bewohnerschaft der Siedlung entwickelten wir ein Format, das für alle Berlinerinnen und Berliner offen war, unabhängig von Alter oder Bildungsschicht. Zentraler Ort für die Begrüßung und den Festakt war einer der Höfe der Siedlung. Von dort aus führten Wandelkonzerte durch die gesamte Anlage, sachkundige Führer erläuterten die historischen, sozialen und ästhetischen Qualitäten der Siedlung und an außergewöhnlichen Orten erklang Musik oder eine Lesung. Schließlich fand man sich im ersten Hof wieder ein und dort erklang die vielbeachtete Nachhaltigkeitssinfonie des Stegreif-Orchesters, wobei auch hier ungewöhnliche Standorte eingenommen wurden und die Musik rund um den Hof auch aus Fenstern und Balkonen erklang.

Den Veranstaltern geht es darum, die 1920er Jahre in vielen künstlerischen Dimensionen erlebbar zu gestalten. Das Festival will ein Programm zusammenstellen, das weit über eine informative Veranstaltung hinausgeht. Die jeweilige Siedlung soll ins Heute transportiert werden und auch zeitgenössische Ästhetik vermitteln. Mit dem wunderbaren Esprit des Stegreif-Orchesters als Basso Continuo, ihrem Improvisationstalent zwischen klassischen Klängen, Musik der 20er Jahre und ganz modernen Tonfarben ist es hervorragend gelungen, den ganzheitlichen Ansatz der Siedlungen zu erahnen.

Der große Erfolg des ersten Siedlungsfests veranlasst das Landesdenkmalamt weiterzumachen: Im Jahr 2025 wird die Hufeisensiedlung in Britz anlässlich ihrer 100-jährigen Grundsteinlegung in Klangwelten tauchen. Die Vorbereitungen sind bereits angelaufen und ich lade Sie heute schon herzlich ein, im Juli 2025 Teil der Welterbegemeinschaft zu sein. Besuchen Sie uns und lassen Sie sich inspirieren!

Steffen Adam

GEHAG – Vorbildlicher, solidarischer Wohnungsbau für jedermann

Gründung der Gemeinnützigen Heimstätten AG (GEHAG) vor 100 Jahren

Am 14. April 1924 beriefen der Gewerkschafter August Ellinger und der Stadtbaurat Dr. Martin Wagner Vertreterinnen und Vertreter von Gewerkschaften und gemeinnützigen Genossenschaften im Gewerkschaftshaus des ADGB zusammen, um unter dem Dach eine Aktiengesellschaft zur Versorgung breiter Schichten der Bevölkerung im Ballungsraum der Metropole mit bezahlbarem, gesundem und – wie wir heute wissen – nachhaltigem Wohnraum zu gründen. Den Initiatoren kam es darauf an, die Wohnraumversorgung der gewinnorientierten Privatwirtschaft zu entziehen und sie solidarisch breit in der Gesellschaft zu verankern. Deshalb wurden die Aktien ausschließlich an gemeinwirtschaftliche Organisationen und besondere Privatpersonen ausgegeben, die den angestrebten solidarischen Wohnungsbau unterstützten.

Zudem verpflichtete die GEHAG Bruno Taut, der mit seinen Wohnkonzepten und seinem farbigen Bauen die spezielle GEHAG-Qualität erfand und die Grundlagen des Wohnens im 20. Jahrhundert weltweit entwickelte. Vier Siedlungen der GEHAG sind mittlerweile zum Weltkulturerbe der UNESCO erhoben worden.

Die GEHAG-Qualität, die in den Jahren 1952–1990 beispielsweise in Großsiedlungen wie der Gropiusstadt[1] fortgesetzt wurde, sollte heute, da 900.000 Wohnungen fehlen[2], organisatorisch, baulogistisch und bautechnisch wieder Vorbild sein.

Der solidarische Wohnungsbau wird als Gegengewicht zur gewinnorientierten Privatwirtschaft propagiert.

Der Wohnungsbedarf in der späten Kaiserzeit betrug bereits 700.000 Wohnungen. Nach dem Ersten Weltkrieg stieg er auf rund eine Million fehlender Wohnungen. Im Zuge der Deutschen Revolution, dem Zusammenbruch der alten Ordnung und der Erringung politischer Freiheiten versuchten die Belegschaften großer Industriebetriebe, diese in Selbstverantwortung zu übernehmen. Angesichts steigender Arbeitslosigkeit,

---

1   GEHAG (Hrsg): 60 Jahre GEHAG Gemeinnützige Heimstätten-Aktiengesellschaft, Skript. Berlin-Wilmersdorf 24.9.1984.
2   Pestel Institut gGmbH Hannover und Arbeitsgemeinschaft für zeitgemäßes Bauen e. V. Kiel: Bauen und Wohnen in der Krise – Aktuelle Entwicklungen und Rückwirkungen auf Wohnungsbau und Wohnungsmärkte. Hannover, 12. Januar 2023, Seite 21 (2022 Wohnungsdefizit 700.000 Wohnungen, vgl. Seite 41).

insbesondere durch demobilisierte Kriegsheimkehrer, verkündete Fritz Paeplow, Vorstand des Deutschen Bauarbeiterverbandes (heute IG BAU), am 6. Mai 1919 die Entschließung des Verbandstages in Weimar auf Vergesellschaftung privat-kapitalistischer Betriebe in Gemeineigentum. August Ellinger hatte in Weimar den Gedanken der Arbeiter-Selbsthilfe durch Gründung von Bauarbeiter-Produktivgenossenschaften eingebracht. Schon am 19. Mai 1919 gründeten sich freie Baubetriebe in Berlin, am 24. Mai in Nürnberg.[3]

Unterstützt wurde die Gewerkschaft durch den damaligen Baustadtrat von Schöneberg, Dr. Martin Wagner. Wagner, Architekt und Sozialdemokrat, propagierte am 20. Juni 1919 die Sozialisierung der Baubetriebe auf berufsständischer Grundlage, allerdings nicht als Verstaatlichung oder Kommunalisierung, sondern als freie Betriebe, da er die Konkurrenz untereinander als anspornendes Element erhalten wissen wollte. Als Vorbild nannte Martin Wagner den englischen Gildesozialismus.[4]

Gegen Ende 1919 waren 18 Bauhütten in verschiedenen Städten Deutschlands in Betrieb. Im Sommer 1920 erhielt die Bauhüttenbewegung die entscheidende Unterstützung durch Carl Legien, Vorsitzender des Allgemeinen Deutschen Gewerkschaftsbundes (ADGB), und Siegfried Aufhäuser, Leiter des Allgemeinen Bundes für Angestellte (AfA-Bund). Am 1. Oktober 1920 nahm der Verband sozialer Baubetriebe unter August Ellinger und Dr. Martin Wagner als Dachorganisation der Bauhütten im Architekturbüro von Bruno Taut seine Arbeit auf. Dieser Dachverband regelte einerseits die Zuwendungen an die Bauhütten über die Arbeiter- und Beamtenbank, andererseits organisierte er die Revision der sozialen Baubetriebe durch den externen und vom staatlichen Reichsrat anerkannten Revisionsverband. Dieser trug neben seiner Aufsichts- und Kontrollfunktion wesentlich zum wirtschaftlichen Erfolg der Bauhütten bei. Mittlerweile hatten sich allein in der Reichshauptstadt neben der Deutschen Bauhütte GmbH und der Berliner Bauhütte das Hoch-, Tief- und Betonbaugeschäft, die Malerhütte Berlin, die Heiz- und Wasseranlagengesellschaft (HAWAG), die Berliner Töpferhütte, die Steinmetzhütte und die Glaserhütte gegründet[5]. Das erste Standbein war damit annähernd komplett.

Es konnte nicht ausbleiben, dass die Privatwirtschaft die wirtschaftlichen Unternehmungen der Arbeiterbewegung, die im Wesentlichen nur die eigenen Löhne erwirtschaften sollten, zusammen mit der Unterstützung der Gewerkschaften und städtischer und staatlicher Förderung als bitteres Unrecht und unlauteren Wettbewerb

---

3   August Ellinger: 10 Jahre Bauhüttenbewegung. Verlagsgesellschaft des Allgemeinen Deutschen Gewerkschaftsbundes, Berlin 1930.
4   Dr.-Ing. Martin Wagner, Stadtbaurat Berlin – Schöneberg: Sozialisierung der Baubetriebe. Karl Heymanns Verlag, gedruckt bei Julius Sittenfeld, Berlin W8, 1919.
5   Bezirksausschuss des ADGB Berlin-Brandenburg-Grenzmark (Hrsg.); Die wirtschaftlichen Unternehmungen der Arbeiterbewegung – ein Blick in die Gemeinwirtschaft. Verlagsgesellschaft des ADGB GmbH, Berlin 1928, Seiten 52–62.

August Ellinger.

Dr. Martin Wagner.

geißelten. Das Unternehmertum, vertreten durch den Deutschen Wirtschaftsbund für das Baugewerbe, die Handwerkskammer Berlin und die Berliner Arbeitgeberverbände, nutzte dazu seine Kontakte zur bürgerlichen Presse, zur städtischen Verwaltung und zur Reichsregierung. Vor allem aber riefen sie die Baustoffindustrie auf, den Bauhütten benötigte Baustoffe zu verweigern oder nur zu überhöhten Preisen zu überlassen. August Ellinger und Martin Wagner baten daher die Gewerkschaften, den ADGB und den AfA-Bund, Baustoffproduktionen zu erwerben, die als soziale Baustoffbetriebe die Unabhängigkeit der Bauhütten sichern sollten: Ziegeleien und Kiesgruben, Sägewerke und Holzhandel, Kalkbrennereien und Zementfabriken werden bis Ende 1922 das zweite Standbein der sozialen Baubetriebe.

Im Zuge der Rheinlandbesetzung durch Frankreich setzte die Reichsregierung unter Wilhelm Cuno die Hyperinflation als Wirtschaftskrise bewusst ein, um gegenüber den Vereinigten Staaten und dem Vereinigten Königreich die Unmöglichkeit der Reparationslasten aus dem Versailler Vertrag unter Beweis zu stellen.[6] Das Kabinett Cuno trat am 12. August 1923 zurück. Gustav Stresemann wurde mit seiner »Regierung der Fachleute« drei Tage später vereidigt.[7] Gegen den Widerstand der Wirtschaft legte der Finanzminister Rudolf Hilferding eine Währungsreform vor, die die breiten Schichten unterer Einkommen vor der Umlegung der Kosten der Inflation bewahrte. Mit Zwangshypotheken und Grundschulden auf Liegenschaften von Landwirtschaft, Industrie und Gewerbe sollten die Kosten umverteilt und eine Deutsche Rentenbank finanziert werden. Eine neue Steuer war für den Geldentwertungsausgleich bei bebauten Grundstücken vorgesehen.[8] Die zu erwartenden Einnahmen aus dieser neuen Steuer, die später als Hauszinssteuer bekannt wurde, sollten zur Hälfte dem allgemeinen Staatshaushalt zufließen.

---

6 Karl-Heinz Harbeck mit Karl Dietrich Erdmann, Wolfgang Mommsen, Walter Vogel und Hans Booms: Das Kabinett Cuno (1922/23). Verlag: Boldt, Boppard am Rhein, 1968.
7 Vossische Zeitung, Mittwoch, 15.8.1923, Morgenausgabe, Nr. 383, A 162; Georg Bernhard: Stresemanns Rede, Seite 1 f.
8 Georg Bernhard: Streit um die Währung. In: Vossische Zeitung, Dienstag, 2.10.1923, Morgenausgabe, Nr. 466, A 231; Seite 1.

Carl Legien, Vorsitzender des Allgemeinen Deutschen Gewerkschaftsbundes.

Siegfried Aufhäuser, Vorsitzender des Allgemeinen freien Arbeiterbundes.

Reichskanzler Wilhelm Cuno 1922–1923.

Reichskanzler Gustav Stresemann, 1923–1924.

Die andere Hälfte war allerdings zweckgebunden. Rudolf Hilferding[9] plante, diese Steuereinnahmen ganz dem gemeinnützigen Wohnungsbau zugutekommen zu lassen. Mit einer Förderung des Wohnungsbaus sollte nicht nur der Fehlbestand von damals rund 700.000 Wohnungen im Reich abgebaut, sondern auch nachhaltig Arbeitsplätze im Baugewerbe geschaffen werden. Gleichzeitig würde dadurch auch die zuliefernde Industrie gestärkt, die Baustoffe wie Holz, Steine, Beton und Stahl lieferte. In den Ausführungsbestimmungen der Steuer ließ sich das Reichsfinanzministerium auch durch Dr. Martin Wagner und die Leiter der sozialen Bauhütten beraten. Hilferding erhoffte sich durch diese Maßnahmen eine umfassende Erholung der deutschen Wirtschaft.

Umgesetzt wurden diese Ideen nicht mehr von Rudolf Hilferding selbst. Am 4. Oktober wurde er gestürzt. Die Vossische Zeitung sprach von einem »kalten Kapp-Putsch«. Stresemann baute sein Kabinett um.[10] Hilferdings Nachfolger wurde der parteilose Hans Luther. Für die Sache war es wahrscheinlich ein Glück. Hans Luther konnte alle Vorhaben umsetzen. Reichspräsident Friedrich Ebert zeichnete sie ab: Die Verordnung über die Errichtung der Deutschen Rentenbank wurde am 15. Oktober 1923 erlassen. Die Bank gab erste neue Banknoten mit dem Datum 1. November um den 20. November 1923 heraus.[11] Die 3. Steuer-Notverordnung vom 14. Feb-

---

9   Alex Möller: Im Gedenken an Reichsfinanzminister Hilferding. In: Bundesministerium für Wirtschaft und Finanzen (Hrsg.): Blickpunkt Finanzen 6, Bonn 1971.
10 Vossische Zeitung, Donnerstag, 4.10.1923, Morgenausgabe, Nr. 469, A 198; Georg Bernhard: Wie es kam. Seite 1 f.
11 Carl Schaeffer, Heinrich Brode (Hrsg.): Allgemeine Volkswirtschaftslehre – Grundriss des priva-

Finanzminister Rudolf Hilferding, 1923.

Finanzminister Hans Luther, 1923–1925.

ruar 1924 – über das Reich war am 26. September 1923 der Notstand verhängt worden[12] – bildete die Grundlage der Gebäudeentschuldungs- und Obligationssteuer.

Schon Anfang September 1923 hatten August Ellinger und Martin Wagner die Schaffung einer deutschlandweiten Arbeiterwohnungsfürsorgegesellschaft mit Beteiligung des ADGB und des AfA-Bundes als drittes Standbein der Bauhüttenbewegung zur Sozialisierung der Auftraggeber im Wohnungsbau ins Auge gefasst.[13] Mit Einführung der neuen Rentenmark konnten am 26. Januar 1924 die Bauhütten verpflichtet werden, sich pro 100 Beschäftigte mit 300 Goldmark an der Anschubfinanzierung zu beteiligen.[14] Am 14. März.1924 wurde der Revisionsverband REWOG, Reichswohnungsfürsorge A.G. für Beamte, als Dachorganisation gegründet. Martin Wagner nannte sie alsbald in Deutsche Wohnungsfürsorge-Aktiengesellschaft DEWOG für Beamte, Angestellte und Arbeiter um.[15]

Unter diesem Dachverband organisierten sich regional Tochtergesellschaften. »Zweigstellen der DEWOG bestehen«, so Richard Linneke 1931, »heute in Altona, Augsburg, Berlin, Braunschweig, Bremen, Breslau, Dresden, Essen, Frankfurt/Main, Gleiwitz, Hamburg, Harburg, Königsberg in Preußen, Leipzig, München, Rostock, Schwerin. Alle diese Gesellschaften und Zweigstellen bauen in einem größeren Bezirk,

---

    ten und öffentlichen Rechts sowie der Volkswirtschaftslehre. Band 16, vollkommen umgearbeitete Auflage. Verlag C. L. Hirschfeld, Leipzig 1927.

12 Martin H. Geyer: Grenzüberschreitungen – Vom Belagerungszustand zum Ausnahmezustand. In: Niels Werber u. a.: Erster Weltkrieg. Kulturwissenschaftliches Handbuch. J. B. Metzler Verlag, Stuttgart/Weimar 2014, S. 362.

13 August Ellinger: Die Bauhüttenbewegung: Ihr Wesen, ihr Ziel und ihre Entwicklung. Für die deutschen Gewerkschaften kurz dargestellt. In: ADGB Allgemeiner Deutscher Gewerkschaftsbund (Hrsg.): 48 Seiten. Verlagsgesellschaft des Allgemeinen Deutschen Gewerkschaftsbundes, Berlin 2. Februar 1927, Seite 48,

14 Ellinger: Bauhüttenbewegung. Seite 145 – Im Jahre 1924 hatten die insgesamt 172 berichtende Bauhüttenbetriebe im Durchschnitt 129 Mitarbeitende.

15 Richard Linneke: Die DEWOG-Organisation in Deutschland. In: Schweizerischer Verband für Wohnungswesen und Wohnungsreform (Hrsg.): Das Wohnen – Schweizerische Zeitschrift für Wohnungswesen. Band 6, Monatszeitschrift, Heft 1, Januar. Neuland-Verlag A.G., Zürich 1931, Seite 1.

auch außerhalb ihres Sitzes.«[16] Einzelgenossenschaften in der Mark Brandenburg, die von der Märkischen Wohnungsbau GmbH in den 1920er-Jahren gegründet wurden, firmierten als Gemeinnützige Wohnungsbau-Genossenschaft.

Genau einen Monat später gründeten Martin Wagner und August Ellinger am 14. April 1924 im Bundeshaus des Allgemeinen Deutschen Gewerkschaftsbundes (ADGB), 1922 nach Plänen von Max Taut errichtet, die Gemeinnützige Heimstätten AG (GEHAG).[17]

Die GEHAG wurde seitens ihrer Aktionäre zunächst mit einem Stammkapital von 50.000 RM ausgestattet. Die Gründungsaktionäre waren freigewerkschaftliche Organisationen. Als befreundete Unternehmen – die keine Aktien der GEHAG zeichneten – beteiligten sich die Volksfürsorge-Versicherungs-AG Berlin mit Gustav Kloß[18], die Konsumgenossenschaft Berlin und Umgegend eG mit Andreas Mirus[19] und die Bank der Arbeiter, Angestellten und Beamten AG (Arbeiterbank) mit Dr. Heinrich Bachem. Die Volksfürsorge beteiligte sich an der Finanzierung, der Konsum betrieb in diversen Siedlungen seine von der GEHAG errichteten Abgabestellen (Läden).

Vorstandsvorsitzender der GEHAG wurde zum Erstaunen vieler Beteiligten, der Fachwelt und sicher auch der Administration erst Richard Linneke, ein halbes Jahr später Franz Gutschmidt. Aus seinen Erfahrungen mit der Exekutive – siehe etwa sein Artikel »Siedlungshemmung« in der Berliner Morgenpost[20] – wusste Martin Wagner um die Bedenkenträger, die seine großen Ambitionen für den gemeinwohlorientierten Wohnungsbau für breite Schichten der Bevölkerung be- oder verhindern könnten.[21] Wagner strebte deshalb trotz liberal dominierten Magistrats den Posten des Stadtbaurats von Berlin an, der seit dem Ruhestand von Ludwig Hoffmann unbesetzt geblieben war. Oberbürgermeister Gustav Böß kannte Wagner als Baustadtrat von Schöneberg und sträubte sich. – Am Ende gab Böß dann doch nach. Ludwig Hoffmann war begeistert. Martin Wagner und Bruno Taut, der auf Bitten Wagners Chefarchitekt der GEHAG wurde, konnten in Zukunft auf Hoffmanns schützende Hand zählen.

Die schützende Hand wurde mehr als notwendig: Das dritte Großprojekt der GEHAG, die Waldsiedlung Onkel Toms Hütte, stieß im Bezirksamt Zehlendorf auf erbitterten Widerstand. Die Bauaufsicht verweigerte nicht nur die Baugenehmigung,

---

16 ADGB: Die wirtschaftlichen Unternehmungen der Arbeiterbewegung, Seiten 63–66.
17 Friedrich Wilhelm Lehmann: 125 Jahre gemeinnütziger Wohnungsbau – Eine Betrachtung über Wohnungsbaugenossenschaften und -gesellschaften in Berlin. Berliner Forum, 6/72, Berlin 1972, Seiten 6 f.
18 Die Volksfürsorge – Gründung, Kämpfe und Entwicklung, Verlagsgesellschaft deutscher Konsumvereine, Hamburg 1913.
19 Paul Lange: Die Konsum-Genossenschaft Berlin und Umgegend und ihre Vorläufer – zum 25. Bestehen, Verlag der Konsum-Genossenschaft Berlin-Lichtenberg, 1924.
20 Martin Wagner: Siedlungshemmung – Immer dieselbe Geschichte. In Berliner Morgenpost 24. Jg., vom 24.11.1921, Nr. 279, S. 1 f.
21 Ludovica Scarpa, Martin Kieren u. a.: Martin Wagner 1885–1957. Wohnungsbau und Weltstadtplanung – Die Rationalisierung des Glücks. Berlin 1985. Akademie-Katalog Nr. 146, S. 22–32.

*Fritz Kloß,
Volksfürsorge Berlin
(Rentenversicherung)*

*Andreas Mirus,
Konsum Berlin und Umgebung*

*Dr. Heinrich Bachem,
Arbeiter- und Beamtenbank*

*Albert Kohn,
AOK Berlin.*

Prof. Dr Leo Arons.

*Emil Müller, Beamtenwohnverein
Neukölln.*

*Alois Groß,
Baugenossenschaft Ideal*

*Gustav Lilienthal,
Freie Scholle Tegel.*

man verbot der GEHAG das Bauen geradezu in Bausch und Bogen. Dr. Martin Wagner genehmigte das Vorhaben als Stadtbaurat von Berlin. Der Bezirk stellte Strafanzeige. Wagner ließ verbreiten, dass er keine Strafe zahle und lieber ins Gefängnis gehe, den dort könne er sich mal ausschlafen. Ludwig Hoffmann, der als konservativ galt, rettete die Situation. Vor Fertigstellung kam dann doch die Baugenehmigung für den ersten

Fritz Paeplow, Vorsitzender des Deutschen Baugewerkbundes.

Theodor Leipart, Vorsitzender des ADGB.

August Brey, Vorstand des Deutschen Fabrikarbeiter Verbandes sowie die Vorsitzenden von weiteren fünf Einzelgewerkschaften.

Hermann Lüdemann, Bezirksgeschäftsführer im Verband sozialer Baubetriebe.

Hermann Lüdemann, Bezirksgeschäftsführer im Verband sozialer Baubetriebe.

Emil Wutzky, Wohnungsfürsorgegesellschaft der Stadt Berlin.

und zweiten Bauabschnitt. Der dritte Bauabschnitt wurde wieder ohne Baugenehmigung begonnen. Beim vierten Bauabschnitt bemängelte die bezirkliche Bauaufsicht, die Dachgeschosse würden von jedem Bewohner sofort als Wohnräume genutzt oder in solche umgebaut. Das widerspräche dem Dauerwaldgesetz, das bis heute den Grunewald schützt.[22]

Die GEHAG baute trotzdem. Beim sechsten Bauabschnitt kam es dann sogar zu einem Schulterschluss der konservativen GAGFAH mit der GEHAG. Hans Gerlach und Bruno Taut verteidigten zusammen gegen die Zehlendorfer Behörden das erforderliche dritte Wohngeschoss. Taut nannte den langen Geschossbau, den er längs der heutigen Argentinischen Allee konzipierte, »Peitschenknall« und veröffentlichte in der

---

22 Reiner Cornelius: Geschichte der Waldentwicklung. 1. Auflage. Hrsg. von der Senatsverwaltung für Stadtentwicklung und Umweltschutz Berlin. Monitoring Programm Naturhaushalt, H. 3. Kulturbuchverlag, Berlin 1995.

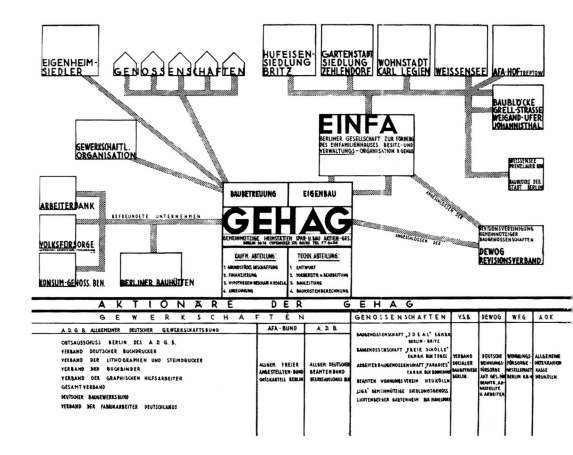

Organigramm der Gemeinnützigen Heimstätten AG (GEHAG) 1931, erschienen im Einfa-Nachrichtenblatt der GEHAG.

Presse seine Namensgebung: Es sei die Peitsche, die wir den Beamten um die Ohren hauen. Mit dem siebenten Bauabschnitt – wieder ohne Baugenehmigung begonnen – endet die klassische Periode der GEHAG in Zehlendorf.

Zu den Meilensteinen der Gemeinnützigen Heimstätten AG gehören der 1. Bauabschnitt der Siedlung Schillerpark für die Baugenossenschaft von 1892, die spektakuläre Hufeisensiedlung (Großsiedlung Britz) und die Wohnstadt Carl Legien. Weil diese GEHAG-Projekte das Wohnen im 20. Jahrhundert weltweit prägten, erhob sie die UNESCO 2008 zum Weltkulturerbe »Siedlungen der Berliner Moderne« – die Waldsiedlung Onkel Toms Hütte steht seit 2023 auf der Tentativliste.

Wie aller Gewerkschaftsbesitz wurde die GEHAG als »Gemeinnützige Heimstätten AG der Deutsche Arbeitsfront (DAF)« mit dem 2. Mai 1933 gleichgeschaltet, aber nominell mit dem Zusatz DAF in deren Amt Bau weitergeführt. Nach 1938 bediente sich auch die Organisation Todt Teilen des GEHAG-Vermögens und der Kapazitäten der GEHAG. Obwohl in den frühen Jahren der NS-Zeit die GEHAG noch für Siedlungen an den Rändern des Reiches verantwortlich zeichnete, war es den Nationalsozialisten

Krugpfuhl-Siedlung und Großsiedlung Britz (Hufeisensiedlung). 1. + 2. Bauabschnitt, Ausführung Deutsche Bauhütte.

seit Kriegsbeginn überwiegend um den Bau von Baracken zu tun. Die Akademie der Künste Berlin zeigte dazu vom 19. April bis 16. Juli 2023 die Ausstellung des Architekten- und Ingenieurvereins Berlin-Brandenburg »MACHT RAUM GEWALT – Planen und Bauen im Nationalsozialismus«.

Im Kontrollratsgesetz Nr. 2 hatten die vier Alliierten dementsprechend die mutmaßlich nationalsozialistische GEHAG als »abolished« – als »abgeschafft« – eingestuft. Die Privatwirtschaft schien zu triumphieren. Man verhandelte schon, um die besten Stücke aus dem GEHAG-Portfolio untereinander aufzuteilen. Dem von den Siegermächten eingesetzten Custodian, dem Wirtschaftsprüfer Ullmann, kam als ausgewiesenem Liberalen die Zerschlagung jeglichen Gewerkschaftsbesitzes äußerst gelegen.

Dagegen hatte die im April 1949 gegründete Deutsche Angestellten Gewerkschaft (DAG) und der am 19. Oktober 1949 als Rechtsnachfolger des ADGB wiedergegründete Deutsche Gewerkschaftsbund (DGB) den Juristen und Betriebswirt Karl-Heinz Peters mit der Wahrung ihrer Rechte betraut. Peters gelang es in einem wahren Wirtschaftskrimi, wesentliche Teile des GEHAG-Besitzes in den Westsektoren für die Wei-

Suche nach dem GEHAG-Eigentum-Ost durch Klaus Stöber im Grundbuchamt Berlin-Mitte.

terführung der GEHAG zu sichern.[23] Liberale, Privatwirtschaftler und sonstige Profiteure hatten vergessen, dass im Handelsregister des Amtsgerichts Charlottenburg die GEHAG seit 1925 ununterbrochen als Firma bestand. Mit diesem Rückhalt konnte Karl-Heinz Peters, am 6. September 1951 zum Vorstand der GEHAG bestellt, die »Scherben der Vase«, wie er sich ausdrückte, »wieder zusammensetzen«.[24] Den GEHAG-Besitz in der sowjetischen Besatzungszone erhielt er damals jedoch nicht. Dieser war schon am 9. Juni 1945 in der sowjetischen Besatzungszone bzw. im sowjetischen Sektor von Berlin sozialisiert worden. Der Besitz wurde schließlich von der SED an die »Volkseigene Heimstätte« übertragen. Allerdings durfte Peters die Rückgabe des GEHAG-Eigentums, etwa der Wohnstadt Carl Legien, im Zuge der Wiedervereinigung noch erleben. Vorangetrieben von Seiten der GEHAG wurde diese Restitution gegen den Widerstand der Treuhand und den Seilschaften von SED und PDS von

23 Karl-Heinz Peters: Von der Gemeinnützigkeit zum Profit – Privatisierungsopfer GEHAG – Herausforderung für alternative Wohnungspolitik. VSA: Verlag, Hamburg 2016.
24 Karl-Heinz Peters: Auch ein Zeitzeuge – Autobiografie 1912–1999, Verlag Frieling & Partner, Berlin 2003, S. 321.

*Dr. Karl-Heinz Peters,
1952–1978 Vorstand der GEHAG*

Klaus Stöber und Kollegen mit dem Ziel, die Gemeinwirtschaftlichkeit im Wohnungswesen zu stärken.

Seit den 1980er-Jahren setzen sich deutschlandweit Bestrebungen durch, die Wohnungswirtschaft, bzw. die Wirtschaft generell, von einer Sozialen Marktwirtschaft in eine neoliberale, regulierungsfreie Ökonomie umzuwandeln. Die ungebremste Privatisierung im Wohnungsbau führte Deutschland bald zum Mangel an bezahlbarem Wohnraum, der gegenwärtig auf über 900.000 fehlende Wohnungen geschätzt wird. Die privaten Bauträger machen derzeit keine Anstalten, der ihnen von Liberalen und Konservativen zugedachten Rolle des Wohnraumbeschaffers einzunehmen – vielmehr gilt: »Wer Wohnungen baut, geht Pleite«, wie es die Immobilienweisen im Februar 2024 proklamierten. Es erscheint darum nicht abwegig, die Produktion des gemeinwirtschaftlich bezahlbaren Wohnens für breite Schichten mittlerer und unterer Einkommen nach dem Vorbild der GEHAG auf eine Verbindung gesellschaftlich wirksamer Organisationen zu legen. Zu Gewerkschaften, Genossenschaften, Volksbanken und Versicherungen könnten diesmal auch die Kirchen, Parteien und andere sozial engagierte Gruppen treten.[25]

Das große organisatorische Werk von Dr. Martin Wagner und August Ellinger, die Gemeinnützige Heimstätten AG GEHAG, erscheint als solidarischer Wohnungsbau vorbildlich für die Herstellung aktuell benötigter Wohnungen und zukünftigen Wohnens.

---

25 Corinna Hölzel, Henning Nuissl, Fabian Beran & Tim Kormeyer: Marktferne Eigentumsmodelle – Potentiale und Grenzen gemeinwohlorientierter Immobilienentwicklung. In: Politik und Zeitgeschichte, Bauen und Wohnen, 72. Jg., 51–52/2022, Bundeszentrale für politische Bildung, Bonn 9.12.2022.

Literatur

Architekten- und Ingenieurverein zu Berlin: Berlin und seine Bauten, Teil II, Rechtsgrundlagen und Stadtentwicklung. Verlag von Wilhelm Ernst & Sohn, Berlin 1964

Architekten- und Ingenieurverein zu Berlin: Berlin und seine Bauten, Teil IV Wohnungsbau, Band A Die Voraussetzungen. Entwicklung der Wohngebiete. Verlag von Wilhelm Ernst & Sohn, Berlin 1970

Architekten- und Ingenieurverein zu Berlin: Berlin und seine Bauten, Teil IV Wohnungsbau, Band B Die Wohngebäude – Mehrfamilienhäuser. Verlag von Wilhelm Ernst & Sohn, Berlin 1974

Architekten- und Ingenieurverein zu Berlin: Berlin und seine Bauten, Teil IV Wohnungsbau, Band D Reihenhäuser. Verlag von Wilhelm Ernst & Sohn, Berlin 2002

Robert Tautz: Die Vermählung von Stadt und Land – ein soziales Experiment. Verlag der Gartenstadtgesellschaft, Berlin 1903

Bernhard Kampfmeyer: Die englische Gartenstadtbewegung, Flugschrift No. 2. Verlag der Gartenstadtgesellschaft, Berlin 1903

Augst Ellinger: Zehn Jahre Bauhüttenbewegung – Eine kurze Geschichte des Verbandes sozialer Baubetriebe. Verlagsgesellschaft des Allgemeinen Deutschen Gewerkschaftsbundes m.b.H. Berlin 1930

Bezirksausschuss des Allgemeinen Deutschen Gewerkschaftsbundes Berlin-Brandenburg-Grenzmark (Hrsg.): Die Wirtschaftlichen Unternehmungen der Arbeiterbewegung – Ein Blick in die Gemeinwirtschaft. Verlagsgesellschaft des Allgemeinen Deutschen Gewerkschaftsbundes m.b.H. Berlin 1930

Steffen Adam: Vorbildlicher, solidarischer Wohnungsbau für jedermann. In: Mitteilungen zur Geschichte Berlins gegründet 1865, 120. Jahrgang Heft 3, Juli 2024, ISSN 2942-5670, Seite 94–101

Bernd Matthies: 100 Jahre Gehag – Wie Berlin einst Zehntausende Wohnungen ohne Profitinteresse baute. Tagespiegel von Samstag, den 20.04.2024, Wohnen, Seite 28

Günter Piening; Sozialer Wohnungsbau: Warum die Gehag immer noch Vorbild ist 1924 nahmen die Gewerkschaften den Wohnungsbau selbst in die Hand. Ein Modell für heute? In: ND, Nr. 88, Dienstag,16.04.2024, 79. Jg., Seite 10, Hauptstadtregion

Steffen Adam: DURCH UND DURCH SOZIAL – Zur Geschichte der GEHAG. In Baukultur Zeitschrift des DAI, Nr. 5, vom 01.09.2023

Steffen Adam: Die gesunde Wohnung für jedermann – Die Erfindung des gesunden Wohnens. In: Die Wohnungswirtschaft. März 2024, Seite 42–47

Steffen Adam: DURCH UND DURCH SOZIAL – Zur Geschichte der GEHAG. In Baukultur Zeitschrift des DAI, Nr. 5, vom 01.09.2023

Steffen Adam: Die Finanzierung der Wohnungsfrage und das Neue Bauen – vor 100 Jahren wurde Rudolf Hilferding Finanzminister der Weimarer Republik. In: Vorwärts Geschichte: Vergessen Sozialdemokrat*innen vom 28.07.2023

Steffen Adam: Vor 90 Jahren starb August Ellinger. Er war Gründer der GEHAG und damit Pionier des sozialen Wohnungsbaus. In: ND vom 10.06.2023 Nr.132 Seite 19

Steffen Adam: Blaupause für den Weg aus der Wohnungskrise: 27.04.2023 Berliner Morgenpost Nr.113 Seite 15

Reinhard Wenzel

Zerschlagung, Wiederaufbau, Verrat und Verkauf

Die GEHAG 1933–1990 (2007): gewerkschaftlich, stadteigen, privat

Die Anfangsjahre der GEHAG haben einen ikonischen Stellenwert in der Erinnerung. In dieser Zeit entstanden die Siedlungen, die heute zum UNESCO-Welterbe zählen. Das Ende der GEHAG seit 1999 wird von vielen als tragisch empfunden. An dieser Stelle soll die Entwicklung der GEHAG zwischen Machtübernahme der Nazis 1933 und ihrem Ende als Teil der Deutschen Wohnen AG bzw. Vonovia AG beschrieben werden.

Als im Frühjahr 1933 Hitler an die Macht kam, galt die GEHAG als gewerkschaftliches Unternehmen. Dementsprechend ereilte sie das Schicksal der Gewerkschaften nach ihrer Zerschlagung am 2. Mai 1933. Wie die Gewerkschaften wurde auch die GEHAG in die Deutsche Arbeitsfront (DAF) integriert. Von nun an sollte das Unternehmen Wohnungsbau nach Konzepten der Nazis betreiben.

Die Verantwortlichen der GEHAG, wie Geschäftsführer Franz Gutschmidt und der Verwalter der Britzer Hufeisensiedlung Erich Grashoff, wurden entlassen. Der Gründer der GEHAG Martin Wagner ging mit Bruno Taut zunächst in die Türkei, schließlich in die USA.

Die GEHAG wurde nun mit neuen Aufgaben betraut. Bereits seit 1932 war sie mit der Planung und Durchführung vorstädtischer Siedlungsprojekte befasst. Die kleinen Doppelhäuser mit geringem Komfort und Giebeldach wurden in großen Teilen in Eigenarbeit der künftigen Bewohner errichtet. Es handelte sich in der Regel um Arbeitslose mit kinderreichen Familien. Die Siedlungen wurden gemeinsam gebaut und anschließend die Häuser unter den Beteiligten verlost. Ein Beispiel ist die in Berlin-Britz gelegene Siedlung Neuland I–IV, bis 1945 »Frontkämpfersiedlung« genannt.

Der Siedlungsbau der GEHAG wurde in der Zeit des Nationalsozialismus reichsweit ausgedehnt. Kleinsiedlungen mit Giebeldächern sollten vor allem an den Grenzen des Reichs entstehen. Das betraf unter anderem die Region Aachen und Oberschlesien (Gleiwitz, Birkenau).

Mit der Besatzung durch die Alliierten 1945 galt die GEHAG wie alle Teile der Deutschen Arbeitsfront als Kriegsverbrecherorganisation. Der Einsatz einiger Persönlichkeiten verhinderte ihr Verbot. Dazu gehörten der frühere GEHAG-Chef Franz Gutschmidt und der künftige langjährige GEHAG-Chef Karl-Heinz Peters. Allerdings musste noch einige Jahre die Bevormundung durch alliierte »Custodians« ertragen werden.

Die GEHAG spielte dann eine wichtige Rolle beim Wiederaufbau (West-) Berlins. Dazu gehörten Bauprojekte in Britz-Süd, Zehlendorf-Süd und Mariendorf. Architektonisch interessant waren u.a. die Finnhäuser in Kladow und Mariendorf, außerdem übernahm die GEHAG die Künstlerkolonie am Breitenbachplatz.

Von den Standorten der NS-Zeit blieb bis zum Verkauf nur Aachen erhalten. In Stolberg bei Aachen wurde von der GEHAG-Tochter SaGeBau das Goethe-Gymnasium und das Rathaus gebaut. Als eines der letzten Bauprojekte der GEHAG wurde in Würselen in der Nähe Aachens ein Wohnkomplex realisiert. Die Sanierung und der Umbau des Karl-Marx-Hauses in Trier 1982/83 erregte in der Bevölkerung wie der Fachwelt besondere Aufmerksamkeit.

In den 1950er Jahren war es selbstverständlich, dass der Berliner DGB-Vorsitzende, Ernst Scharnowski, Vorsitzender des GEHAG-Aufsichtsrats war. Sein Stellvertreter war ein Senatsdirektor (Staatssekretär) des Berliner Senats. Nach 1960 verkaufte der DGB seine Anteile an der GEHAG, um sich auf sein großes Unternehmen »Neue Heimat« zu konzentrieren (ein anderes tragisches Kapitel). Seitdem waren nur noch das Land Berlin und die Deutsche Angestelltengewerkschaft (DAG) an der GEHAG beteiligt.

Als Unternehmen mit gewerkschaftlicher Tradition und Beteiligung wurde auch die Belegschaft relativ gut behandelt. Der Betriebsrat setzte 1970 das 14. Monatsgehalt durch. Üblich war auch, das der 27. Dezember als »dritter Weihnachtsfeiertag« für alle Beschäftigten frei war.

Eine besondere Bedeutung in der Geschichte der GEHAG spielt der Bau der Gropiusstadt im Süden Neuköllns. Die GEHAG plante und baute die Gropiusstadt nicht allein. Beteiligt waren u.a. auch die städtische Gesellschaft Degewo, die Baugenossenschaft IDEAL und die Hilfswerksiedlung. Mit 40 Prozent der Wohnbaufläche war die GEHAG allerdings mit Abstand der größte Akteur und nahm am meisten Einfluss auf die Planung. Der GEHAG-Chef Karl-Heinz Peters nahm für sich in Anspruch, den Namen »Gropiusstadt« gegen die lange Zeit übliche Bezeichnung »Britz-Buckow-Rudow« durchgesetzt zu haben.

Wohnungen für 45.000 Menschen wurden zwischen 1960 und 1975 am südlichen Stadtrand Berlins errichtet. Die Planung wurde der TAC von Walter Gropius in Cambridge, Massachusetts, übergeben. Das Büro ließ sich in Berlin von Prof. Wils Ebert vertreten. Neben dem IDEAL-Hochhaus, das bis heute mit seinen 29 Stockwerken das höchste Wohnhaus Berlins ist, wurde von Gropius die Walter-Gropius-Schule und das Gropiushaus entworfen – letzteres ein Halbrund in Anlehnung an das Hufeisen wenige Kilometer nördlich. Solche Halbrunde sollte es noch mehr in der Gropiusstadt geben. Da in den Planungen des Berliner Senats aber der Bedarf an Wohnraum gegen die Ästhetik siegte, wurde die Siedlung deutlich verdichtet und es blieb bei dem einen Halbrund. Daraufhin verabschiedete Walter Gropius sich von der Verantwortung für das Projekt. Seinen Namen trägt es trotzdem.

Die Gropiusstadt bot zwar vielen bisherigen Bewohner*innen aus Kreuzberg, Wedding und anderen Teilen der Altstadt einen nicht gekannten Wohnkomfort. Aufzug, Müllschlucker, Balkon, Badezimmer waren in den Mietskasernen und Hinterhöfen undenkbar. Allerdings ereilte auch die Gropiusstadt das Schicksal vieler Neubauviertel

Siedlungsbau in Laband bei Gleiwitz. aus GEHAG 1924–1957

Finnenhaussiedlung Mariendorf. aus GEHAG 1924–1957

Blick vom Ideal-Tower auf die Gropiusstadt, rechts das halbrunde Gropius-Haus.

dieser Zeit. In den 1970er Jahren zog eine Tristesse ein, die mit innerer und äußerer Verwahrlosung zusammenging. Das wohl bekannteste Dokument in diesem Zusammenhang ist das Buch von Christiane F. »Wir Kinder vom Bahnhof Zoo«, in dem eine Drogenkarriere eines Mädchens aus der Lipschitzallee beschrieben wird, die in der Hilfswerksiedlung lebte.

Idealtower (links) und Bebauung Wutzkyallee.

Wohnungsbau der GEHAG im Großraum Aachen. aus: 50 Jahre GEHAG, 1974

Ein großes Projekt nach Fertigstellung der Gropiusstadt war zwischen 1976 und 1986 der in der Nähe gelegene Neubau des Krankenhauses Neukölln. Mit dem Entwurf war der Architekt Josef Paul Kleihues beauftragt. Genau genommen wurde das Krankenhaus allerdings nicht von der GEHAG selber gebaut, sondern von ihrer 1969 gegründeten Tochterfirma, der Sanierungs- und Gewerbebau AG (SaGeBau AG).

Mit dem Jahr 1990 kam nicht nur die Deutsche Einheit, sondern auch die Abschaffung der Gemeinnützigkeit von Wohnungsunternehmen. Es kamen neue Entwicklungen auf die GEHAG zu.

Mit der Einheit erhielt die GEHAG durch den Einsatz von Klaus Stöber ihren Besitz im Osten zurück. Ein wichtiges Objekt war die Carl-Legien-Siedlung im Prenzlauer Berg. Seit 2008 gilt sie als UNESCO-Welterbe und ist ein Vorzeigestück der Berliner Baugeschichte. Zu DDR-Zeiten kümmerte man sich um Denkmalschutz wenig. Mit dem Oktober 1990 galt hier aber das bundesdeutsche Denkmalschutzgesetz. Die GEHAG hatte nun die Aufgabe, den Denkmalschutz gegenüber ihren Mietern durchzu-

Prof. Walter Gropius und Dr. Karl-Heinz Peters stellen die Planung zur Gropiusstadt vor.

setzen. Dies führte insbesondere im Hinblick auf den Rückbau verglaster Loggien zu lebhaften Protesten.

In der Gropiusstadt waren die Mieten für westliche Verhältnisse sehr niedrig. Bis 1985 galt in West-Berlin die Mietpreisbindung, die Mieten des sozialen Wohnungsbaus, deren Kosten pro Quadratmeter etwa 20 DM betrugen, wurden vom Staat so subventioniert, dass die Mieter*innen nur 5 DM zahlten. Einige Kritiker nannten das System später »Sozialismus mit Westgeld«. Es war an der übermäßigen Verschuldung des Landes Berlin wohl nicht ganz unschuldig.

Sozialer Wohnungsbau war gedacht für Menschen mit geringem Einkommen. Bei vielen Familien in der Gropiusstadt hatte sich die soziale Situation seit ihrem Einzug in den 1960er oder 1970er Jahren allerdings erheblich verbessert. Deshalb wurde in den 1990ern lange über die Einführung einer Fehlbelegungsabgabe diskutiert. Das Problem war hier, dass das Viertel insgesamt auf dem Weg des sozialen Abstiegs war. So tat sich das Problem auf, ob man die Mieter, die nicht von staatlichen Transferleistungen lebten, vergraulen sollte.

Das größte Problem der GEHAG aber war die Abschaffung der Gemeinnützigkeit und die damit verbundene Auslieferung an den Markt. Eine nicht zu vernachlässigende Rolle spielte auch das politische Umfeld. Bis 1981 regierte die SPD West-Berlin und die GEHAG wurde von Sozialdemokraten wie Karl-Heinz Peters geleitet. Mit dem Wechsel zur CDU (1981–89 und 1991–2001) änderte sich das Umfeld. GEHAG-Chef wurde nun der CDU-Abgeordnete Heinz-Viktor Simon, dem die Ideen eines Martin Wagner aus den zwanziger Jahren nicht sehr am Herzen lagen. Zudem stellte sich nach 1995 die Situation der Berliner Finanzen als derart katastrophal heraus, dass der Verkauf von Wohnungsgesellschaften dem Berliner Senat als erforderlich erschien. So wurde die GEHAG privatisiert und sein Schicksal den Interessen der Finanzmärkte übergeben.

Vorher gerettet werden konnten noch Strukturen, die nach 1990 im Osten übernommen wurden. Die GEHAG hatte 1992 die Wohnungsgesellschaft Weißensee zurückerhalten. Mieter und Mitarbeiter profitierten nun von den sozialen Vorzügen des neuen Eigentümers. Im Jahr 1999 konnten die Weißenseer so verkauft werden, dass sie nicht in den Strudel der GEHAG-Privatisierung hineingerissen wurden.

Der Verkauf der GEHAG stand fest. Nach 75 Jahren fand damit eine große Idee ihr Ende. Der Vorstand sah das offenbar anders. Er feierte das 75. Jubiläum des Unternehmens, indem er die gesamte Belegschaft zu einer Party nach Mallorca einlud.

Jürgen Klemann, ehemaliger Bürgermeister von Zehlendorf, Bausenator und »letzter« Vorstand der GEHAG.

Annette Fugmann-Hesing, Finanzsenatorin, SPD.

Bereits 1998 wurde ein Vertrag mit der Rinteln-Stadthagener Eisenbahn AG (RSE) über den Verkauf von 74,98 % der Aktien geschlossen. Leer ging zunächst der damals größte deutsche börsennotierte Immobilienkonzern WCM aus, der dem Milliardär Klaus Ehlerding gehörte. Nachdem die WCM nicht den Zuschlag für die GEHAG erhielt, kaufte sie über die Börse die RSE einfach auf.

Nach der Berlin-Wahl 1999 schied Bausenator Jürgen Klemann (CDU) aus dem Senat aus und wurde Vorstand der GEHAG. Er hatte im Jahr zuvor den Aktienverkauf neben Finanzsenatorin Annette Fugmann-Heesing (SPD) eingefädelt.

Nach einigen Wirrungen wurde der Großteil der GEHAG-Wohnungen Eigentum der Deutsche Wohnen AG, nach feindlicher Übernahme der Aktienmehrheit jedoch Eigentum der Vonovia AG. Aktivitäten unter dem Titel »Deutsche Wohnen und Co. enteignen« beziehen sich materiell in großen Teilen auf Wohnungen, die früher zur GEHAG gehörten. Die Eigentümer der GEHAG scheinen von den Ideen ihrer Gründer mehr als ein Jahrhundert entfernt.

Die Marke GEHAG existiert unter dem Dach der Vonovia AG bis heute. Aktivitäten im Wohnungsbau sind seit Jahren nicht zu verzeichnen. Was für ein Jubiläum.

Literatur

GEHAG (Hg.), GEHAG 1924–1957. Entstehung und Entwicklung eines gewerkschaftlichen Wohnungsunternehmens, Berlin o.J.

GEHAG (Hg.), 50 Jahre GEHAG. Ein Bericht, o.O., o.J.

GEHAG (Hg.), 70 Jahre GEHAG. Wohnen im Wandel, Berlin 1994

Schäche, Wolfgang (Hrsg.), 75 Jahre GEHAG. 1924–1999, Berlin 1999

Die Gropiusstadt. Der städtebauliche Planungs- und Entscheidungsvorgang. Eine Untersuchung von Heinz Bandel und Dittmar Machule im Auftrage des Senators für Bau- und Wohnungswesen Berlin, Berlin 1974

Neuköllner Kulturverein e.V., Vom Ilsenhof zum Highdeck. Modelle sozialen Wohnens in Neukölln, Berlin 1987

Peters, Karl-Heinz, Auch ein Zeitzeuge. Autobiografie 1912–1999, Berlin 2003

Peters, Karl-Heinz, Von der Gemeinnützigkeit zum Profit. Privatisierungsopfer GEHAG – Herausforderung für alternative Wohnungspolitik, Hamburg 2016

Annett Jura

Aktuelle Aktivitäten und Instrumente der Bundesregierung in der Wohnungspolitik

Wohnen ist die zentrale Frage unserer Zeit. Unserer Zeit?

Schon immer ist das sichere und bezahlbare Wohnen ein grundlegendes Bedürfnis jedes Menschen und darüber hinaus eine Basis für die soziale Stabilität in Deutschland. So war es bereits vor 100 Jahren, als die frisch gegründete GEHAG einen enormen Beitrag zur Beantwortung dieser sozialen Frage leistete. Viele Projekte, die zwischen den Jahren 1924 bis 1929 realisiert wurden, waren nicht nur sozial, sondern wohnkulturell und architektonisch richtungsweisend – bis heute. Gleichzeitig sind sie gute Beispiele für kostengünstiges Bauen, bezahlbares Wohnen und eine hohe Lebensqualität. Für den Wohnungsbau in Deutschland – und weit über die Grenzen dieses Landes hinaus – gelten die Projekte als Vorbild und tragen als UNESCO Welterbe der Menschheit zum Bild deutscher Baukultur bei. Heute stehen wir durch den demographischen Wandel, die weltpolitische Lage und den Klimawandel wieder vor enormen Herausforderungen in der Wohnungspolitik.

Als Bundesregierung sehen wir uns dieser Tradition mit einer großen Verantwortung verpflichtet. Viele positive Impulse konnten wir bereits setzen und neue Rahmenbedingungen schaffen – dennoch bleibt viel zu tun.

Mit der Einrichtung eines neuen Bundesministeriums für Wohnen, Stadtentwicklung und Bauwesen (BMWSB) haben wir nach über zwei Jahrzehnten wieder ein zuständiges Ressort mit einem Etat von 10,4 Mrd. Euro, das vor allem investiert, für die wichtigen Fragen des Wohnens, der Stadtentwicklung und des Bauwesens geschaffen. Schauen wir genauer hin: Im sozialen Wohnungsbau haben wir die Mittel massiv erhöht, um Sozialwohnungen zu einer Renaissance zu verhelfen. In der aktuellen Finanzplanung ist vorgesehen, dass der Bund den Ländern im Zeitraum 2022 bis 2027 die Rekordsumme von 18,15 Milliarden Euro zur Verfügung stellt. Da diese Summe durch die Länder kofinanziert wird, wird erfahrungsgemäß insgesamt eine mehr als doppelt so hohe Gesamtsumme in neue Sozialwohnungen fließen.

Die ersten Förderzahlen der Bundesländer zum Kalenderjahr 2023 stimmen uns mit Blick auf dieses Ziel hoffnungsvoll: Die Anzahl der Förderbewilligungen wuchs in 2023 im Vergleich zum Vorjahr um rund 21 Prozent auf knapp 50.000 Wohneinheiten – und das trotz erhöhter Bau- und Finanzierungskosten. Der soziale Wohnungsbau ist damit der Stabilitätsanker der Baubranche. Damit konnten wir in einigen Bundesländern bereits eine Trendwende erreichen, dort steigt der Gesamtbestand an Sozialwohnungen wieder.

Sehr gut nachgefragt wird auch das Sonderprogramm »Junges Wohnen«. Das neue Teilprogramm des sozialen Wohnungsbaus fördert mit 500 Mio. Euro jährlich Wohnplätze für Studierende und Auszubildende. Sie sind die Fachkräfte von morgen und konkurrieren auf dem Wohnungsmarkt mit den vielen anderen Wohnungssuchenden. Hier sorgen wir gezielt für Entlastung. Darüber hinaus bewerben wir als Haus verstärkt das Thema Mitarbeitendenwohnen – früher bezeichnet als den klassischen Werkswohnungsbau. Wir wollen Arbeitgeberinnen und Arbeitgeber wieder stärker für den Wohnungsbau gewinnen und informieren über die vielfältigen Förderungen, nicht nur im BMWSB, sondern auch im Steuerrecht. Denn Wohnungen für Mitarbeitende tragen dazu bei, die Situation in angespannten Wohnungsmärkten abzumildern und erzielen eine doppelte Rendite: sie sichern und binden Fachkräfte!

Eine weitere wichtige Säule auf dem deutschen Wohnungsmarkt sind die Wohnungsgenossenschaften, die wir mit unserem KfW Förderprogramm 134 gezielt stärken. Das Programm setzt besonders zur Neugründung von Wohnungsgenossenschaften spürbare Anreize. Gefördert wird der Erwerb von Genossenschaftsanteilen, um das Eigenkapital der Genossenschaften für investive Maßnahmen zu stärken. Seit dem Programmstart im Jahr 2022 bis Mitte Mai 2024 wurden Kredite mit einem Gesamtvolumen von über 39 Mio. Euro vergeben, davon über 80 % für Neubauvorhaben. Allein für das Programmjahr 2024 stehen insgesamt 15 Mio. Euro zur Verfügung.

Unsere Ziele für eine gemeinwohlorientierte Wohnungspolitik können wir nur gemeinsam mit den Ländern, Kommunen, der Bau- und Wohnungswirtschaft, Mieterverbänden und Gewerkschaften erreichen. Mit dem im Jahr 2022 durch unsere Ministerin gegründeten Bündnis des bezahlbaren Wohnraumes haben wir eine Plattform geschaffen, in der wir ebenen- und ressortübergreifend mit 35 Bündnispartnern zusammenarbeiten. Hierzu zählen neben den Ländern die kommunalen Spitzenverbände, die Wohnungs-, Immobilien- und Bauwirtschaft und die Zivilgesellschaft. Im Rahmen dieses Bündnisses haben wir eine Vielzahl von Maßnahmen identifiziert, die zum Teil bereits umgesetzt werden konnten.

Ein Thema im Bündnis ist die Stadt- und Quartiersentwicklung. Neben dem bezahlbaren Wohnen ist das Wohnumfeld in der Stadtentwicklung ein zentrales Handlungsfeld im BMWSB.

Die Quartiere der GEHAG gelten bis heute als richtungsweisend für moderne Quartiersentwicklung. Wir unterstützen ein gutes und lebenswertes Wohnumfeld mit der Städtebauförderung des Bundes. Seit über 50 Jahren unterstützt der Bund gemeinsam mit den Ländern die Städte und Gemeinden darin, städtebauliche Missstände zu beseitigen und sie damit nachhaltig als Wirtschaftsstandorte und lebenswertes Wohnumfeld zu stärken.

2024 werden weiterhin insgesamt 790 Millionen Euro für die Programme der Städtebauförderung zur Verfügung stehen.

Im BMWSB arbeiten wir jeden Tag intensiv an den aktuellen Herausforderungen des Wohnens, der Stadtentwicklung und des Bauwesens. Deshalb freue ich mich über jeden Akteur, der sich für bezahlbaren und gleichzeitig wohnkulturell ansprechenden Wohnungsbau engagiert und mit uns gemeinsam die Wohnquartiere von morgen gestaltet. Knüpfen wir an die auch durch die GEHAG realisierte gute Tradition an: Bauen wir in den nächsten Jahren Sozialwohnungen und Werkswohnungen, die in 100 Jahren UNESCO Welterbe werden!

Thomas Thaetner

Zukunft Baurecht im Spiegel der klassischen Moderne

I. Einleitung

Wir haben heute viel davon gehört, welchen Aufschwung die Bautätigkeit in Berlin in den zwanziger Jahren erlebt hat. Wir haben auch gehört, welchen Anteil engagierte Bauherren und hier insbesondere die Baugenossenschaften daran hatten.

Und vielleicht hatte auch die Baugesetzgebung daran ihren Anteil. Immerhin wurde 1919 die Preußische Einheitsbauordnung erlassen: eine Musterbauordnung, welche 1925 mit der »Berliner Bauordnung« für Berlin weitgehend übernommen wurde und teilweise als »Reformbauordnung« bezeichnet wird. Diese Musterbauordnung genießt unter Architekten einen guten Ruf. Finden sich in dieser Bauordnung möglicherweise entscheidende Neuerungen, welche den Bauboom der 1920er Jahre ermöglichten und beförderten? Enthält dieses »Baurecht der klassischen Moderne« vielleicht sogar Regelungen, die in der aktuellen Situation zur Beförderung des Wohnungsbaus wieder nutzbar gemacht werden können?

Aus dieser Hoffnung erklärt sich der Titel dieses Vortrags. Abwegig ist dies nicht. Beispiele, dass gesetzgeberische Maßnahmen große wirtschaftliche Kräfte freisetzen können, gibt es etliche. Als Schulbeispiel kennen wir die Stein-Hardenbergschen Reformen.

Sehen wir uns die Bauordnung von 1925 daher etwas genauer an. Was waren die Änderungen gegenüber ihren rechtlichen Vorgängern und fehlen diese Änderungen möglicherweise in aktuellen Regelungen?

II. Die Bauordnung für Groß-Berlin vom 3. November 1925

Die Bauordnung von 1925 steht zeitlich zwischen der Baupolizeiordnung von 1897 und der Bauordnung von 1929, die in Westberlin bis 1958 galt. Ferner war kurz vor Ende des Ersten Weltkrieges das preußische Wohnungsgesetz von 1918 erlassen worden sowie am 28.05.1907 eine Bauordnung für die Vororte von Berlin.

Die Bauordnung von 1925 umfasste 38 Paragrafen, von denen 30 bereits durch die preußische Einheitsbauordnung vorgegeben waren.

Es begann ganz klassisch mit einem Erlaubnisvorbehalt und den Regelungen zur Baugenehmigung, den einzureichenden Unterlagen sowie möglichen Ausnahmen und Befreiungen.

Ab § 6 ff. folgten Anforderungen an die Erschließung des Baugrundstücks, detaillierte Vorgaben für die zulässige Ausnutzung der Baugrundstücke, die Anordnung der

Baukörper auf diesen und die einzuhaltenden Abstandsflächen. Die Baukörper sollten weiterhin an Fluchtlinien ausgerichtet sein, die Zulässigkeit von Hintergebäuden wurde stark eingeschränkt (§ 7 c) und die Möglichkeit der Blockbebauung mit mehreren Hinterhöfen damit weitgehend ausgeschlossen.

Ab §§ 10 ff. folgten die Regelungen zur Feuerbeständigkeit, Standsicherheit, Gründung, Stärke der Wände, Wasserver- und -entsorgung, zu Brandmauern, Treppen, Feuerstätten und Schornsteinen.

Neu war die Anforderung, dass Wohnhäuser mit mehr als zwei Vollgeschossen durch eine Druckwasserleitung mit Trinkwasser zu versorgen waren (§ 21 Abs. 3). Neu waren ebenfalls Mindestabstände zwischen Brunnen und Grundstücksgrenzen, Abortgruben, Stallungen oder Sammelgruben. Vorgeschrieben war nun auch der Anschluss an die öffentliche Entwässerung (§ 22). Grund hierfür war die Verfügbarkeit einer öffentlichen Kanalisation, welche die teuerste bauliche Maßnahme Berlins im 19. Jahrhundert darstellt.

Ebenfalls dem technischen Fortschritt geschuldet waren Neuregelungen zu der Gasversorgung, elektrischen Anlagen, Blitzableitern und Aufzügen (§ 22 a).

Ab § 27 folgten Sonderregelungen wie das Verbot von Keller- und Dachgeschosswohnungen in Mehrfamilienhäusern sowie Sonderregelungen für Klein- und Mittelhäuser, Lauben, Holzhäuser, »Fabrik- und Geschäftshausbauten« (§ 31) und Viehställe.

Den Abschluss bildeten Regelungen zum Arbeitsschutz (§ 33), zum Abbruch von Gebäuden, ihrem Erhalt sowie Bußgeldvorschriften.

Den größten Teil des Verordnungstextes machte mit 2/3 eine Anlage »über die Abgrenzungen der Gebiete der Bauklassen, der Wohngebiete, der gegen Belästigungen geschützten Gebiete, der Industriegebiete und der Geschäftsviertel« aus. Hiermit korrespondierte ein Bauzonenplan, in dem fast sämtlichen Flächen des neuen erweiterten Stadtgebietes von Berlin entweder eine Bauklasse (I bis Va) zugewiesen wurde oder diese als Wald- oder Freiflächen ausgewiesen wurden. Es handelte sich demnach um Bauplanungsrecht, wie wir es heute aus Flächennutzungs- und Bebauungsplänen kennen.

Diese Festlegungen der Bauklassen sind der entscheidende Anknüpfungspunkt für die detaillierten Vorgaben in den §§ 7 und 8 der Bauordnung über die bauliche Ausnutzung der Grundstücke.

III. »Baurecht der Klassischen Moderne«?

Wir können uns fragen, ob es im Hinblick auf diese Regelungen wirklich gerechtfertigt ist, von einem »Baurecht der klassischen Moderne« zu sprechen. Natürlich trägt diese Bauordnung bestimmten technischen Entwicklungen wie kommunaler Kanalisation und der Verfügbarkeit von Strom, Gas sowie neuen Bauteilen aus Stahlbeton Rechnung.

Das rechtfertigt diese Bezeichnung aber zweifellos nicht.

Was sind also die Neuerungen, die dieser Bauordnung ihren guten Ruf verdankt?

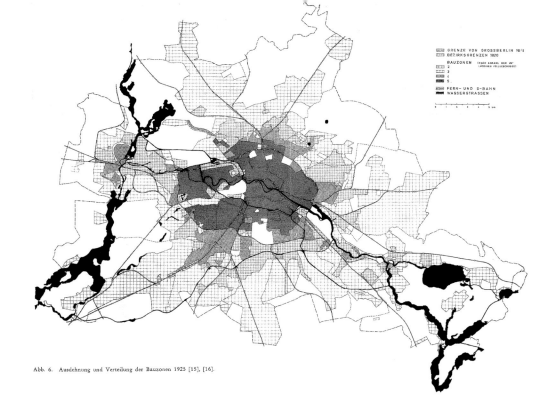

Abb. 6. Ausdehnung und Verteilung der Bauzonen 1925 [15], [16].

Anlage zur Bauordnung und Bauzonenplan von 1925.

Auffällig sind die detaillierten Vorgaben, welche Grundstücksausnutzung und welche Ausrichtung der Gebäude in der jeweiligen Bauklasse erlaubt war. Zwar gab es die Einteilung nach Bauklassen bereits in der Bauordnung von 1897, allerdings bezog sich die 1897er Bauordnung nur auf den alten Stadtkern. Dieser war zu diesem Zeitpunkt aber bereits fast vollständig bebaut. Beschränkungen der baulichen Ausnutzung eines Grundstücks wirkten daher nur für wenige Restgrundstücke und bei vorherigem Rückbau von Bestandsgebäuden.

Ein geeigneter Vergleichsmaßstab ist daher bezogen auf die Wirkung weniger die Bauordnung von 1897 als vielmehr die Baupolizeiordnung von 1853 und der Hobrechtplan von 1862. Diese enthielten zwar Festsetzungen für Baufluchtlinien sowie Straßen und Plätze, aber praktisch keine Vorgaben für gesunde Wohnverhältnisse. Die durch die Fluchtlinien gebildeten großen Blöcke förderten sogar die Hinterhofbebauung, die große Bebauungstiefe und die sehr intensive Ausnutzung der Grundstücke.

Verglichen hiermit ist die Bauordnung von 1925 tatsächlich modern. Zusammen mit dem Bauzonenplan von 1925 zielt die Bauordnung auf eine deutliche Verringerung der Ausnutzung der einzelnen Grundstücke ab, was mit einer besseren Belichtung und Belüftung der einzelnen Wohnräume einhergeht.

Hinzu kam die Trennung von Wohn- und Industrieflächen. So enthielt die Bauordnung von 1925 ein Verzeichnis der Ortsteile, die »als Wohngebiete oder als gegen üble

Dünste, Rauch und Geräusche geschützte Gebiete oder als Industriegebiete ausgewiesen oder als reine Geschäftsviertel anerkannt sind.« Hierfür bestimmte § 8.25 der Bauordnung 1925:

»In den Wohngebieten dürfen nur Wohngebäude nebst Nebenanlagen errichtet werden. Zulässig sind Geschäfts- und Werkstätten kleineren Umfangs, die den notwendigen Bedürfnissen der Bevölkerung in dem Gebiet entsprechen, wenn sie keine Nachteile oder Belästigungen durch Rauch, üble dünste, ungewöhnliche Geräusche, Erschütterungen und Wärme für die Nachbarschaft herbeiführen. Nebenanlagen dürfen nur den Belangen der Bewohner des Grundstücks dienen.«

Die Zielsetzung waren danach ganz klar gesunde Wohnverhältnisse.

Die Reduzierung der baulichen Ausnutzung des einzelnen Grundstücks geht jedoch einher mit einer deutlichen Ausweitung der insgesamt verfügbaren Flächen.

Bereits 1920 hatte es eine große Gebietsreform gegeben, durch welche früher selbstständige Städte, Landgemeinden und Gutsbezirke zu »Groß Berlin« zusammengefasst waren. Diese Gebietsreform hatte nicht nur die Einwohnerzahl verdoppelt – sie ermöglichte auch einheitliche gesetzliche Regelungen auf einer nun 13-mal so großen Fläche (von 65,72 km² auf 878,1 km²). Erst damit war eine so weiträumige planerische Maßnahme wie der Bauzonenplan von 1925 möglich.

Wenn wir uns diese näher ansehen, fällt auf, dass die darin mit der Bauzone 3 neu überplanten Freiflächen größer sind als das Stadtgebiet von Alt-Berlin. Die noch unbebauten Freiflächen der Bauklasse 2 übersteigen diese Fläche um ein Mehrfaches.

Gleichzeitig hatte sich die Anbindung dieser ehemaligen Außenbereiche bereits ab den 1880er Jahren durch neue elektrisch betriebene Verkehrsmittel immer weiter verbessert. Als Kind kam ich auf meinem Schulweg immer an dieser Gedenktafel für die erste elektrische Straßenbahn der Welt (12.05.1881) vorbei, die die Station Lichterfelde mit der Preußischen Hauptkadettenanstalt verband. Auf den einzelnen Grundstücken durfte damit zwar weniger gebaut werden, dafür stand deutlich mehr Fläche zur Verfügung.

Die Bauordnung von 1925 enthielt – jedenfalls im Vergleich zu der von 1853 – deutlich detailliertere Vorgaben für die Größe und Ausrichtung von Räumen und Höfen, die Ausnutzung der Grundstücke, die Zahl der Geschosse und die Anforderungen an einzelne Bauteile (Durchfahrten, Treppen, etc.).

Gleichzeitig finden sich in der Bauordnung von 1925 auch Lockerungen gegenüber der Bauordnung von 1897, die insbesondere dem Siedlungsbau zugutegekommen sein dürften. So wurden Abstandsflächen reduziert (§ 8 Nummer 11 reduzierte die Abstandsfläche zwischen Gebäuden auf demselben Grundstück für Wände mit Fensteröffnungen von 6 m (§ 5 Bauordnung 1897) auf 5 m) und für »einheitlich entstehende Bebauungen« eine stärkere Bebauung gestattet (§ 7 f). Die Regelung lautete wörtlich:

»17. Aufgrund eines einheitlichen Aufteilungs- und Bebauungsplanes für einen Baublock oder eine Siedlung kann für einzelne Grundstücke eine stärkere Bebauung der Grundstücksfläche als für die Bauklasse des Gebietes vorgesehen ist, zugelassen werden, wenn im ganzen Block keine größere Fläche bebaut wird, als insgesamt für den Bau-

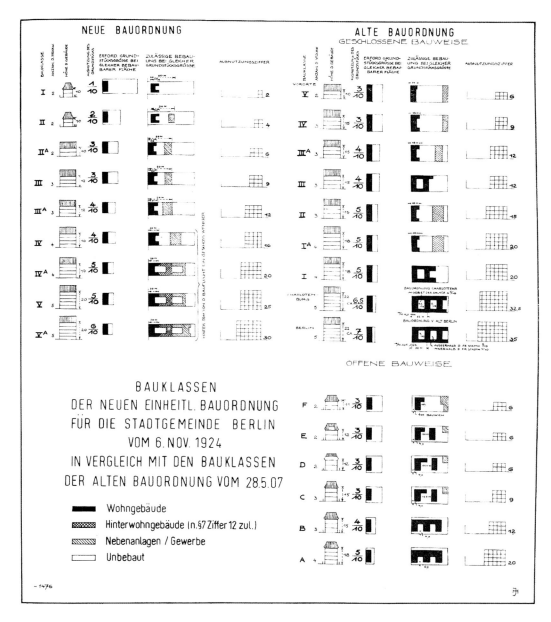

Zulässige Grundstücksausnutzung im Vergleich der Bauordnungen Berlin von 1907 und 1925.

block zulässig ist. – Baugemeinschaft. Ebenso kann in diesem Falle für einzelne oder alle Grundstücke eine höhere Bebauung zugelassen werden, wenn die Ausnutzung der Bauklasse des Gebietes nicht überschritten wird.

In beiden Fällen muss die Art der Bebauung in einer von der Baupolizei geforderten Form rechtlich gesichert werden, wobei auch eine nachträgliche mehr Bebauung auszuschließen ist.«

Auch gab es in § 5 eine deutlich flexiblere Regelung für Ausnahmen und Befreiungen.

Danach waren ausdrücklich auch Befreiungen von zwingenden Vorschriften möglich, »wenn die Durchführung der Vorschrift im Einzelfalle zu einer offenbar nicht beabsichtigten Härte führen würde und das Gemeinwohl eine Abweichung gestattet oder sogar erfordert.«

Hingegen konnten nach der Vorgängerregelung (§ 42 Bauordnung 1897) Ausnahmen für andere als öffentliche Bauten, nur erteilt werden, »soweit sie in vorstehendem vorgesehen sind,« also in der jeweiligen Regelung ausdrücklich die Möglichkeit einer Ausnahme normiert war. Das war also eine echte Neuerung, die in weit höherem Maße eine flexible Handhabung gestattete.

Gleichzeitig waren die mit dem Bauantrag einzureichenden Bauvorlagen verglichen der Bauordnung von 1897 konkreter bezeichnet. Hieß es in der Bauordnung von 1897 noch, »soweit es zur baupolizeilichen Prüfung erforderlich ist, sind einzelne Teile des Bauplanes durch Detailzeichnungen zu erläutern und die Tragfähigkeit der konstruktionsrechnungsmäßig nachzuweisen«, wurde in § 2 Nummer 1 lit. b) nun konkret angegeben, was als »Bauzeichnungen« einzureichen war. Nur noch für die schaubildliche Darstellung, die das Einpassen des Baus in die vorhandene Umgebung zeigen sollte, gab es einen unbestimmten Vorbehalt (»in besonderen Fällen sind auf Verlangen der Baupolizeibehörde«). Damit wurde zwar einerseits ein umfangreicheres Konvolut an Unterlagen gesetzlich vorgeschrieben, andererseits war jedoch klar, was tatsächlich benötigt wurde. Auch handelte es sich fast ausnahmslos um Unterlagen, welche für die Bauausführung ohnehin benötigt wurden.

IV. Fazit

Auf uns mag die Bauordnung von 1925 mit ihrer Anlage und dem Bauzonenplan nicht spektakulär anders wirken als das, was wir auch heute noch als Bauplanungs- und Bauordnungsrecht erwarten würden. Auch die Unterschiede zur Bauordnung von 1897 sind überschaubar. Zu den Regelungen, die die Bebauung der Gründerjahre prägten, sind die Abweichungen aber erheblich. Dies gerade im Hinblick auf die Anforderungen an gesunde Wohnverhältnisse.

Könnte es nicht sein, dass das Baurecht von 1925 – gerade indem es die Anforderungen an ein Gebäude viel präziser definierte – die nötige Planungssicherheit für Architekten und Bauherren schaffte?

Gleichzeitig könnte mit der viel klareren Zuordnung der erlaubten und gewünschten Nutzung für die jeweiligen Baugrundstücke (sowohl nach Maß der baulichen Nutzung als auch der Art der Nutzung Wohnen-Industrie-Gewerbe) den Mitarbeitern in den Baugenehmigungsbehörden die individuelle Verantwortung für die Vermeidung von Missständen durch zu starke Bebauung abgenommen worden sein. Damit könnte dieses Baurecht auch für die Baugenehmigungsbehörden einen gesicherten rechtlichen Rahmen geschaffen haben, in dem diese zügig und – wenn sie wollten aufgrund der Ausnahmeregelungen auch großzügig – anhand der vorzulegenden detaillierten Pläne entscheiden konnten.

V. Zukunft Baurecht?

Aber können wir daraus nun etwas für die Gegenwart ableiten? Eine Blaupause für aktuelle Probleme am Bau ist das Baurecht von 1925 sicher nicht. Das schon deshalb, weil wesentliche Neuerungen, aufgrund derer das Baurecht der 1920er Jahre als modern und positiv erinnert wird, längst Eingang in unser heutiges Baurecht gefunden haben. Und vielleicht waren damals wie heute wirtschaftliche Aspekte wie Zinsen und Förderungen viel wichtiger als die Baugenehmigungsverfahren.

Aber lässt sich (auch, wenn es keine wiederzuentdeckende bauordnungsrechtliche Zauberformel gibt) trotzdem etwas für die Zukunft ableiten? Mir sind in Vorbereitung auf diesen Vortrag drei Punkte aufgefallen:

Da ist zunächst die räumliche Dimension, also ein Regelungssystem für einen einheitlichen Siedlungsraum, wobei dieser sich nicht an kommunalen Grenzen orientiert, sondern die Möglichkeiten von Verkehr und Kommunikation mitdenkt.

Mein Eindruck ist ferner, dass die baurechtlichen Regelungen von 1925 verlässliche Spielregeln definierten. Also auf Bauherrenseite Vorhersehbarkeit und Planungssicherheit gewährleisteten und auf Seiten der Verwaltung eine schnelle und rechtssichere Entscheidung ermöglichten. Somit kann deutlich gemacht werden, was geht und was nicht – mit der Möglichkeit von Ausnahmen im Interesse des Gemeinwohls.

Dann scheint 1925 – anders als 1853 – die richtige Balance zwischen den betroffenen Interessen (bezahlbarer Wohnraum, gesunde Wohnverhältnisse, Rentabilität, praktikable Verwaltungsverfahren) gefunden worden zu sein.

Wo ein solcher Interessenausgleich heute liegen würde, vermag ich nicht zu beantworten. Wichtig wird aber sein, dass sich ein solcher Interessenausgleich nicht auf das beschränkt, was wir heute als Bauplanungs- und Bauordnungsrecht verstehen. Die Regelungen für die Finanzierung gehören ebenso dazu, wie das zivile Baurecht, das Bauträgerrecht oder das Mietrecht. So nützt es beispielsweise nichts, die öffentlich-rechtlichen Anforderungen zu senken, um günstigeres Bauen zu ermöglichen, wenn dies nicht auch einen Niederschlag in den zivilrechtlichen Vertragsverhältnisse findet.

Ein Beispiel hierfür ist der Schallschutz. Der bauordnungsrechtlich geforderte Mindestschallschutz nach der DIN 4109 bleibt hinter dem zurück, was inzwischen Stand der Technik ist und ohne Vereinbarung von einem Mieter oder Bauherren bei einem Neubau erwartet werden darf. Wer hier nur die Vorgaben der Bauordnung einhält, baut mangelhaft.

Generalklauseln und Ermessen ermöglichen umfangreiche Abwägungen und Einzelfallgerechtigkeit. Verbraucherschutz und höchste Ansprüche an die Bauqualität haben ihre Berechtigung. Wir müssen uns aber die Frage gefallen lassen, ob die umfangreiche Bautätigkeit der 1920er Jahre auch mit unseren heutigen Verfahrensweisen möglich gewesen wären.

Nikolaus Wolf

Zur Bauwirtschaft der klassischen Moderne: Was lehrt das Beispiel GEHAG?

Der deutsche Wohnungsmarkt steckt heute in einer tiefen Krise. Trotz stabiler Nachfrage ist der Wohnungsneubau seit Jahresbeginn 2022 regelrecht eingebrochen (DIW Wochenbericht (2024), S. 7, Frühjahrsgutachten (2024), S. 201). Besonders ausgeprägt ist der Mangel an Mietwohnungen für einkommensschwache Haushalte. Seit Jahrzehnten schrumpft der Bestand an Sozialmietwohnungen von 2,87 Mio. (1990) auf 1,07 Mio. (2022) (IW-Kurzbericht (2023), S. 2). Angesichts dieser Zahlen erscheinen die Erfolge der 1920er Jahre im Wohnungsneubau insgesamt und besonders im sozialen Wohnungsbau verheißungsvoll. Wie konnte es gelingen, dass allein die GEHAG in Berlin zwischen 1924 und 1933 etwa 10.000 Wohnungen neu bauen konnte – und dies zum großen Teil im Segment von erschwinglichen Kleinwohnungen und in einer Qualität, die sich den Status eines Weltkulturerbes verdient hat? In diesem kurzen Beitrag möchte ich zunächst den historischen Hintergrund und die Entwicklung im sozialen Wohnungsbau der »klassischen Moderne« (genauer der Zeit nach dem Ersten Weltkrieg bis zur »Machtergreifung« 1933) skizzieren. Dabei werde ich auf die Bedeutung der Hauszinssteuer für den gemeinnützigen Wohnungsbau sowie besonders auf die Bauhüttenbewegung und die Berliner GEHAG eingehen. Abschließend frage ich, ob die Leistungen im sozialen Wohnungsbau dieser Zeit wiederholbar sind und ob daraus Lehren für die aktuelle Diskussion gezogen werden können.

Konzeptionelle Vorbemerkung

Zunächst möchte ich einige konzeptionelle Bemerkungen machen, die wichtig sind, um das ökonomische Problem des sozialen Wohnungsbaus zu verstehen. Dass Wohnungen keine normalen Güter sind, ist ein Allgemeinplatz, der trotzdem nicht immer verstanden wird. Ganz abgesehen davon, dass es sich bei Wohnraum um einen menschlichen Grundbedarf handelt, geht es zunächst um drei Aspekte. Erstens ist das Angebot an Wohnraum kurzfristig »unelastisch«, was bedeutet, dass es nur mit großer Verzögerung auf Veränderung der Nachfrage reagiert. Zweitens wird Wohnraum immer nur in bestimmten Einheiten angeboten, die sich nicht beliebig aufteilen lassen. Drittens interagieren Umfang und Qualität des Wohnraums mit ihrer lokalen Umgebung, sodass sich »gute« und »schlechte« Wohnlagen herausbilden. Diese Aspekte führen dazu, dass der Markt für Wohnraum nur selten effizient ist und demnach Angebot und Nachfrage systematisch und auf Dauer nicht ausgeglichen sind. Relevant für den sozialen Wohnungsbau ist noch ein vierter Aspekt. Zahlreiche Haushalte haben nur beschränkt Zugang zu Krediten. Wenn also die Nachfrage nach Wohnraum in einer Stadt steigt (beispielsweise durch Zuzug), steigen die Preise stärker als bei vergleichbarem Nachfrageanstieg für »normale« Güter. Dies geschieht, weil das Angebot kaum steigt, da Wohnraum schlecht geteilt werden kann. Dieser Preisanstieg wiederum kann schnell dazu führen, dass kreditbeschränkte Haushalte aus dem Markt gedrängt werden. Das Resultat nannte man schon in den 1920er Jahren »Wohnungsnot« bzw. »Wohnungselend«. Entscheidend ist, dass diese Probleme nicht allein durch Marktmechanismen zu lösen sind, sondern politische Intervention erfordern. Nach 1918 wurden einige Anstrengungen unternommen, um die »Wohnungsnot« zu lindern. Die »Bauhüttenbewegung«, repräsentiert durch die GEHAG, war ein besonders interessanter Versuch, der im Folgenden genauer beleuchtet werden soll.

Historischer Kontext

Schon vor 1914 herrschte in deutschen Städten wie Berlin »Wohnungsnot«. In vielen Teilen der Stadt waren die hygienischen und sozialen Verhältnisse untragbar. Die Wohnungs-Enquete der Berliner Ortskrankenkasse (Kohn, 1902 ff.) dokumentierte diese Zustände in Zahlen, Texten und Fotografien, welche bis heute beeindrucken. Die Abbildung auf S. 65 zeigt, dass der langfristige räumliche Strukturwandel vom Dorf und kleinen Orten in immer größere Städte eine treibende Kraft war, die vom Übergang zur Industrie- und Dienstleistungsgesellschaft ausgelöst wurde. Ein immer größerer Anteil der (wachsenden) Bevölkerung lebte in Großstädten mit über 100.000 Einwohnern, allen voran in Berlin.

Der Krieg verschärfte das Wohnungsproblem in den Großstädten weiter, weil einerseits zahlreiche Menschen aus den verlorenen Gebieten im Osten in Städte wie Berlin zogen, andererseits die Bautätigkeit in den Jahren 1914–1918 fast vollständig zum Erliegen kam (Gut 1928, S. 24). Im Jahre 1925 fehlten nach Schätzungen des Statistischen Reichsamts auf etwa 63 Mio. Einwohnern rund eine Million Wohnungen im Deutschen Reich (Stat. Reichsamt, in: Denkschrift (1927), Anlage 4, S 42ff).[1] Ein besonders großer Bedarf wurde in den 1920er Jahren bei Kleinwohnungen mit 1–3 Zimmern in Großstädten ausgemacht (Denkschrift 1927, S. 29).

Schon während des Krieges kam es zu ersten Versuchen, gegenzusteuern. Wie in anderen Wirtschaftsbereichen auch, wollte man den Anstieg der Preise (hier der Wohnungsmieten) direkt regulieren. In Preußen wurde am 9. Dezember 1919 die Höchstmietenverordnung erlassen, am 24. März 1922 folgte das Reichsmietengesetz. Damit wurde als reichseinheitliche Regelung eine »gesetzliche Miete« eingeführt, die auf Grundlage der sogenannten »Friedensmiete« (also dem Mietpreisniveau von 1913) ermittelt wurde, zuzüglich Zuschlägen für Betriebskosten und Instandsetzungsarbeiten (Gut (1928), S. 41ff). Die Inflation nach Kriegsende, die sich seit Anfang 1923 immer

---

1 Zum Vergleich: der Zentraler Immobilien Ausschuss (ZIA) schätzt 2024, dass in Deutschland 2025 etwa 750.000 Wohnungen fehlen werden, bei einer Einwohnerzahl von etwa 83 Mio.

mehr beschleunigte, führte jedoch dazu, dass die so regulierten Mieten extrem gering – und nebenbei bemerkt Untervermietungen immer lohnender – wurden (Pribram 1930, S. 172). Zugleich führten steigende Baustoff- und Kapitalkosten dazu, dass der private Wohnungsneubau nahezu vollständig stagnierte (Der deutsche Wohnungsbau (1931), S. 102; Fey (1936), S. 12).

Das Grundproblem des Wohnraummangels konnte mit Preisregulierungen jedoch nicht gelöst werden. Es musste neuer Wohnraum geschaffen werden. Die private Wohnungswirtschaft stellte offenbar zu wenig Wohnraum bereit, der für Haushalte bezahlbar war (Albrecht, S. 428 in: Der deutsche Wohnungsbau, (1931)). Es ging damals wie heute um die Quadratur des Kreises: wie kann es gelingen, in großem Umfang Wohnraum für Menschen zu schaffen, die selbst kaum Ersparnisse mitbringen, nur geringe Mieten zahlen können oder eventuell gar arbeitslos werden? Einen wichtigen Beitrag dazu lieferte damals der gemeinnützige Wohnungsbau, bestehend zum einen aus gemeinnützigen Wohnungsbaugesellschaften (in den Rechtsformen AG und GmbH), zum anderen aus Wohnungsbaugenossenschaften, die jeweils ihre Anfänge in den Jahrzehnten vor dem Ersten Weltkrieg haben. Mit Beginn der Weimarer Republik erfuhren diese gemeinnützigen Wohnungsbauunternehmen deutlich mehr Unterstützung von staatlicher und kommunaler Seite, nicht zuletzt von Seiten der Gewerkschaftsbewegung.

Besonders interessant ist hier die »Bauhüttenbewegung«, bei der zwei Entwicklungen zusammentrafen. Zum einen waren viele Akteure der nach 1918 politisch führenden SPD seit dem »Revisionismusstreit« bemüht, gemeinsam mit Gewerkschaften und Genossenschaften neue, pragmatische Formen der Wirtschafts- und Sozialpolitik zu entwickeln (vgl. Bartels et al (im Erscheinen); Kramper (2008), S 56ff). Zum anderen hatte mit dem Krieg die Diskussion um Rationalisierungsmaßnahmen der Wirtschaft neue Fahrt aufgenommen, die im Bereich des Wohnungsbaus um Konzepte der Typisierung von Bauteilen und Entwürfen sowie um Optimierung von Bauprozessen kreisten (Bernhardt und Vonau (2009), S. 232). Im September 1920 gründeten der Gewerkschafter August Ellinger (1880–1933) und der Stadtplaner und Architekt Martin Wagner (1885–1957) den Verband sozialer Baubetriebe als Spitzenverband der von ihnen vorangetriebenen »Bauhüttenbewegung«. Aufbauend auf Bauproduktivgenossenschaften, die nach dem Krieg von arbeitslosen Handwerkern und Baufacharbeitern gegründet wurden, bildeten die Bauhütten ein Geflecht aus Firmen, die bemüht waren, neben der Bauausführung auch Baustoffe wie Ziegel und Bauholz selbst anbieten zu können. Martin Wagner brachte seine Experimente mit standardisierten Bauteilen und neuen Bauprozessen ein, die er bereits vor dem Krieg in Rüstringen erprobt hatte (Bernhart/Vonau, S 232ff). Seit 1918 war er als Stadtbaurat von Schöneberg und seit 1926 als Stadtbaurat von Groß-Berlin das Bindeglied zu kommunalen und staatlichen Stellen.

Neben der Frage nach Rationalisierung der Bauwirtschaft trieb Wagner das Problem der Kapitalbeschaffung um, das gerade für den Bau von günstigen Kleinwohnungen zentral war. Bereits 1916 hatte er dazu eine Steuer auf Immobilienbesitz vorgeschlagen, um etwa niedrig verzinste Baukredite für soziale Wohnungsbauprojekte zu subventionieren (Wagner (1916)). Diese Gedanken wurden 1920 wieder aufgegriffen und gipfelten im »Gesetz über die Erhebung einer Abgabe zur Förderung des Wohnungsbaues vom 26. Juni 1921« (Schmidthuysen (1928), S. 165ff). Die Inflation der Jahre 1921-23 machte jedoch all diese Ansätze zunichte. Zugleich eröffneten sich mit der Inflation aber überraschende neue Möglichkeiten, denn sowohl die Mieter in Bestandswohnungen mit gesetzlich gebundener Miete als auch die Schuldner von Hypothekendarlehen hatten von der Inflation profitiert. Mit der Dritten Steuernotverordnung vom Februar 1924 wurden Vermögensanlagen wie Hypotheken nur um 15 %, mit dem Aufwertungsgesetz vom Juli 1925 auf 25 % aufgewertet, sodass ein Inflationsgewinn verblieb. Dieser Gewinn konnte wiederum nur realisiert werden, wenn zugleich die gesetzlichen Höchstmieten im Altbestand aufgewertet wurden. »Während die Miete für eine Wohnung in einem Neubau Anfang des Jahres 1924 ca. 200 % der Friedensmiete betrug, war die Höhe der gesetzlichen Miete in den Altwohnungen durchschnittlich nur ca. 30–40 % der Friedensmiete. Es war somit ein »Hohlraum« entstanden, den man durch den Geldentwertungsausgleich ausfüllen wollte« (Schmidthuysen (1928), 195). Man beschloss also diese Höchstmieten schrittweise bis 1927 auf 120 % der »Friedensmiete« (von 1913) anzuheben und die Erhöhungsbeiträge nicht den Hausbesitzern zu überlassen, sondern abzuschöpfen (vgl. Ruck (1987), S. 103). Diese »Geldentwertungsausgleichsteuer« wurde ab 1924 erhoben und in den einzelnen Ländern des Reichs unterschiedlich berechnet, umgesetzt und bezeichnet – in Preußen bekanntlich als »Hauszinssteuer«. Ein wesentlicher Aspekt war, dass nach Reichsgesetz Länder und Gemeinden mindestens 10 % des Steueraufkommens zur Förderung des Wohnungsneubaus verwenden sollten. Preußen und auch die meisten anderen Länder (bzw. Gemeinden) haben dies regelmäßig deutlich überschritten (Schmidthuysen (1928), S. 201), sodass kurz nach der Währungsstabilisierung sehr umfangreiche öffentliche Fördermittel bereitstanden (üblicherweise als Fördermittel für die zweite Hypothek). Das Steueraufkommen aus der Hauszinssteuer stieg von etwa 560 Mrd. Reichsmark (1924/25) auf einen Höchststand von 1682 Mrd. RM (1928/29), bevor es mit der Weltwirtschaftskrise zu sinken begann (1931/32 auf 1314 Mrd. RM) (vgl. Fey 1936, S.12).

August Ellinger und Martin Wagner waren über diese gesetzlichen Änderungen bestens informiert und reagierten rasch, um die neuen Möglichkeiten zu nutzen. Im März 1924 wurde die »Deutsche Wohnungsfürsorge-Aktiengesellschaft für Beamte, Angestellte und Arbeiter« (DEWOG) als gewerkschaftseigene Kapitalgesellschaft zur Förderung des Wohnungsbaus gegründet, am 14. April 1924 als Projektentwicklerin und Bauträgerin in Berlin die »Gemeinnützige Heimstätten,- Spar, – und Bau-Aktiengesellschaft« (GEHAG). Neben der GEHAG entstanden bis 1926 noch 16 weitere regionale Wohnungsunternehmen in anderen Teilen des Reichs unter dem Dach der DEWOG. Kurzfristig ging es dabei um die »Beschaffung gesunder Wohnungen zu

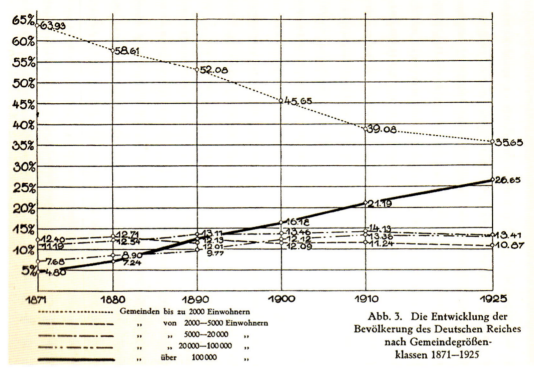

Flucht in die Städte: Anteil von Gemeinden an der Bevölkerung nach Gemeindegrößenklassen.

angemessenen Preisen für die minderbemittelten Volksklassen«, als Bauträger und Generalunternehmer für Genossenschaften und öffentliche Träger (etwa die Wohnungsfürsorgegesellschaft Berlin), und dies immer mit höchstem Anspruch (Gutschmidt in Der deutsche Wohnungsbau (1931). Langfristig ging es Ellinger, Wagner und anderen Vertretern der Bauhüttenbewegung aber um mehr, nämlich um den Aufbau einer »Wirtschaftsdemokratie« (Naphtali 1928): Angebot und Nachfrage, Planung und Finanzierung des Wohnungsbaus sollten in die Hand der Gewerkschaften kommen (dazu Kramper (2008), S. 56ff).

Sozialer Wohnungsbau in der Hauszinssteuerära (1924–1932)

Mit der Stabilisierung der Währung Ende 1923 setzte eine allgemeine wirtschaftliche Erholung ein und es überrascht kaum, dass auch der Wohnungsneubau wieder Fahrt aufnahm. Die Daten lassen allerdings vermuten, dass darüber hinaus die Hauszinssteuermittel und die neuen Organisationsformen wie etwa der GEHAG zum Aufschwung beigetragen haben (zum Folgenden siehe Ruck (1987)). Einen ersten Hinweis liefert die Abbildung auf dieser Seite. Mit steigenden Mitteln aus der Hauszinssteuer stieg der Reinzugang an Wohnungen von knapp 106.000 (1924) auf über 317.000 (1929).

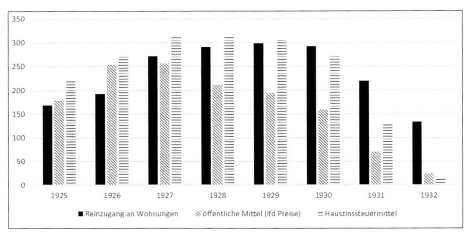

Reinzugang an Wohnungen, öffentliche Mittel und für Wohnungsbau verwandte Hauszinssteuermittel in Millionen Reichsmark, jeweils als Index (1924=100).

Die Mittel aus der Hauszinssteuer stabilisierten den Wohnungsneubau noch bis 1931, bevor sie drastisch gekürzt wurden und der Wohnungsbau insgesamt einbrach.[2]

Insgesamt nahmen jedoch die Bauinvestitionen seit der Währungsstabilisierung nicht stärker zu als Investitionen in anderen Bereichen der Wirtschaft oder die gesamten Bruttoinvestitionen (vgl. Ritschl (2002), Tabelle B03). Dennoch entwickelte sich der Wohnungsneubau dynamischer als der Rest des Bausektors (vgl. Fey (1936), S.13). Wie die Abbildung auf dieser Seite zeigt, wurde diese Dynamik zunehmend von gemeinnützigen Bauvereinigungen getragen, die wiederum ihre Aktivitäten überwiegend in Großstädten entfalteten. Die Graphik zeigt die Anzahl der fertiggestellten Wohnungen seit 1927, gegliedert nach privaten, gemeinnützigen und öffentlichen Bauherren (wobei letztere Unterscheidung oft nicht trennscharf ist).

Dabei sieht man zum einen, dass die Zunahme am Wohnungsneubau in den Jahren 1927 bis 1930 ausschließlich auf gemeinnützige Bauvereinigungen zurückzuführen ist, zum anderen wird deutlich, dass der Einbruch mit der Krise ab Herbst 1929 zunächst den privaten Wohnungsbau etwas stärker als andere Bereiche betraf, bevor ab 1930 auch der gemeinnützige und öffentliche Wohnungsbau zusammenbrach. Wir kommen auf diesen Aspekt noch zurück. Die Wohnungsbauaktivität der Hauszinssteuerära konzentrierte sich außerdem wie erwähnt auf Großstädte. Waren 1924 nur etwa 20 % aller Neubauwohnungen in Großstädten, lag der Anteil 1929 bei 38 %, 1930 sogar bei 46 % (Fey 1936, S. 17). Und schließlich lässt sich zeigen, dass ein großer Teil dieser neugebauten Wohnungen im Segment der Kleinwohnungen (mit 1–3 Wohnräumen

---

2 Nicht nur das Steueraufkommen aus der Hauszinsteuer sank mit der Krise. Vor allem nahm der Anteil dieser Mittel, die zur Förderung des Wohnungsbaus verwendet wurden ab 1931 rapide ab (vgl Fey (1936), S. 12.

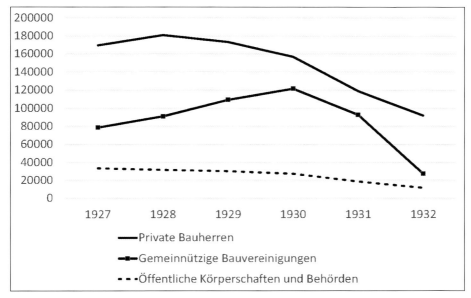

Wohnungsneubau nach Bauherren (fertiggestellte Wohnungen).

einschl. Küche) entstand. Ihr Anteil am Wohnungszugang lag 1924 bis 1935 in Berlin bei 45,8 %.

Der Beitrag, den die GEHAG zu dieser Entwicklung leistete war in mehrfacher Hinsicht herausragend. Zunächst war der Beitrag quantitativ substantiell. Schon im Jahr der Gründung 1924 konnten 118 Wohnungen fertiggestellt (!) werden, davon waren 94 (also 80 %) Kleinwohnungen. In den Jahren 1925 bis 1929 entstanden jeweils über 1.000 Neubauwohnungen pro Jahr, davon im Durchschnitt etwa 850 Klein- und Kleinstwohnungen pro Jahr (Gutschmidt in Denkschrift (1931), S. 414). Im Jahr 1930 wurde die Zahl der Wohnungsneubauten deutlich auf über 3.000 gesteigert, bevor die Bautätigkeit im Zuge der Krise stark zurückging (GEHAG (1957), S. 18). Seit der Gründung 1924 bis zu ihrer Zwangsintegration in die DAF im Jahr 1933 konnte die GEHAG über 10.000 Wohnungen in Berlin fertigstellen. Bemerkenswerter noch als Umfang und Tempo war jedoch die Qualität dieser Wohnungen und Wohnanlagen. Bruno Taut stand für durchdachte und lebenswerte Entwürfe, die unter Mitwirkung von Martin Wagner und Landschaftsarchitekten (etwa Ludwig Lesser oder Leberecht Migge) auf eine Weise in die Stadtplanung des neuen Groß-Berlin eingebunden wurden, dass zahlreiche dieser neuen Wohnanlagen heute den Status eines UNESCO Weltkulturerbes verdienen. Die Hufeisensiedlung Britz, die Wohnstadt Carl Legien, und die Waldsiedlung Zehlendorf sind nur die bekanntesten Beispiele darunter.

Trotz der offensichtlichen Erfolge wurde schon in den 1920er Jahren Kritik an dieser neuen Form des Wohnungsbaus geäußert, die sich auf drei Aspekte konzentrierte. Aus makroökonomischer Perspektive wurde häufig argumentiert, dass durch die Subventionierung des gemeinnützigen Wohnungsbaus der private Bausektor zurückgedrängt und damit die stabilisierende »antizyklische« Funktion des Baus in Krisenzeiten verlorengegangen wäre (Fey (1936), Blaich (1969), dagegen Witt (1979) und Ruck (1987)). Nach der Abbildung auf S. 65 ist die Evidenz dazu keineswegs eindeutig, denn der gemeinnützige Wohnungsbau hat zumindest im ersten Krisenjahr stabilisierend gewirkt. Hier ist nicht der Ort, um dieses Thema zu vertiefen, der Beitrag von Ruck (1987) jedoch bietet einen guten Überblick zu der historischen Debatte. Die anderen beiden Kritikpunkte erscheinen relevanter. Die quantitativen Ergebnisse des Wohnungsneubaus seien mit einem unverhältnismäßigen Einsatz von Ressourcen »erkauft worden«, die Mittel seien also ineffizient eingesetzt worden. Dies habe zu einer Übersteigerung der Baukosten geführt (Fey (1936), S. 21). Schließlich wurde drittens beanstandet, dass der Neubau vor allem dem unteren Mittelstand (also Angestellten und Facharbeitern) zugutekam, weniger aber den wirklich bedürftigen Bevölkerungsgruppen (so etwa Fey (1936), Borchardt (1971)).

Zur Frage der Effizienz ergeben die aggregierten Daten auf Reichsebene, wie sie von Statistischen Reichsamt veröffentlich wurden, wiederum kein eindeutiges Bild. Die Abbildung auf S. 75 oben zeigt, dass es zu Beginn der Hauszinssteuerära zu einem deutlichen Anstieg der Baukosten kam, der sich aber nicht fortsetzte. Ab 1927 verzeichneten vor allem die Baustoffe einen Preisanstieg, was darauf hinweist, dass zumindest ein Teil des Problems in Preisabsprachen auf dem (privaten) Baustoffmarkt lag und nicht etwa in überhöhten Löhnen im Baugewerbe. Auf diesen Punkt wurde von Gewerkschaftsseite regelmäßig hingewiesen (vgl. Denkschrift (1927), S. 29f, Sonderbericht der Arbeitnehmervertreter, in: Der deutsche Wohnungsbau, (1931), S. 35–40).

Das Beispiel der GEHAG zeigt, wie intensiv gerade im Rahmen der Bauhüttenbewegung versucht wurde, die Baukosten zu senken. Das lag nicht zuletzt an der permanenten Kritik von Seiten der privaten Bauwirtschaft und wirtschaftsliberaler Kreise, der man den Nachweis entgegenstellen wollte, dass die Bauhütten effizienter arbeiteten (vgl. Bernhardt und Vonau (2009), S. 236). Wagner hatte schon 1919 eine Forschungsgesellschaft für wirtschaftlichen Baubetrieb ins Leben gerufen und war an der 1927 gegründeten »Reichsforschungsgesellschaft für Wirtschaftlichkeit im Bau- und Wohnungswesen« (RFG) beteiligt. Hier fungierte er beispielsweise als Mitglied der Jury für Entwürfe im Rahmen der Reichsforschungssiedlung Haselhorst in Berlin-Spandau, um neue Methoden zum Bau von Reihenhäusern und Siedlungen zu erproben. Die GEHAG versuchte Kosten unter anderem durch eine Standardisierung der Entwürfe, Ausführung und Ausstattung zu senken. In Britz etwa entstanden 1.000 Wohnungen in Form von vier Standardtypen, in Zehlendorf 500 Wohnungen in drei Typen (GEHAG 1957, S. 15). August Ellinger wies in einem Beitrag über die Bauhüttenbewegung von 1931 darauf hin, dass die Bauhütten zum Teil erheblichen Preisdruck auf private Bauunternehmen ausübten (Ellinger in Der deutsche Wohnungsbau (1931), S. 529). So stellte der Vorstand der GEHAG in seinem Geschäftsbericht für das erste Geschäfts-

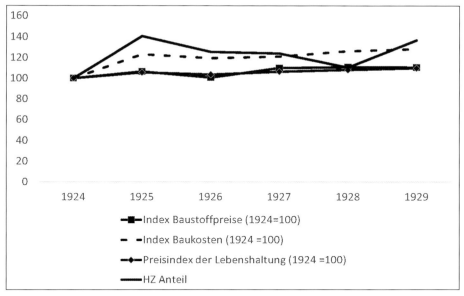

Hauszinssteuer, Preise und Baukosten.,

jahr 1925 fest, dass »Vergleiche von Mieten eines Neuköllner, von einer Privatfirma erstellten und vermieteten Objekts mit den Mieten unserer Siedlung bei Anwendung der gleichen Finanzierungsgrundlage Unterschiede zwischen 27 und 32 Mark pro Wohnung und Monat« zugunsten der GEHAG Wohnungen ergäben (ziert nach GE-HAG (1957), S. 13). Auch wenn eine fundierte Untersuchung dazu bislang nicht vorliegt, darf bezweifelt werden, dass der gemeinnützige Wohnungsbau der Hauszinssteuereära von besonderer Ineffizienz geprägt gewesen wäre.

Der dritte Kritikpunkt, der regelmäßig gegenüber dem gemeinnützigen Wohnungsbau erhoben wurde, bezieht sich auf die Größe und Ausstattung der Wohnungen, die am eigentlichen Bedarf vorbei gebaut worden seien. Von Seite der privaten Bauwirtschaft wurde kritisiert, dass die öffentlich geförderten Wohnungen zu groß und zu großzügig – etwa immer mit Küche und eigenem Bad – ausgestattet seien. Wenn man ein Marktversagen besonders im Segment günstiger Kleinwohnungen vermuten darf, sollte sich die öffentliche Förderung in der Tat auf diesen Bereich konzentrieren. Der Versuch, die Wohnungsnot für die ärmsten Bevölkerungsschichten zu lindern, stand allerdings damals wie heute in einer gewissen Spannung zu der Idee, mit neuen Wohnungen auch eine soziale, kulturelle und hygienische Verbesserung zu erreichen. Vertreter des Neuen Bauens wie Martin Wagner wollten über die Grundversorgung mit Wohnraum hinaus gerade für die ärmere Bevölkerung bessere hygienische Standards durchsetzen und eine lebenswerte Umgebung bieten. Die zeitgenössische Kritik führte jedenfalls dazu, dass seit 1929 der Bau von Klein- und Kleinstwohnungen stärker als zuvor gefördert wurde. 1930 waren im Reich 47,7 % aller neugebauten Wohnungen

Kleinwohnungen (in Berlin 56,2 %), 1931 waren es bereits 53,7 % (Berlin 59,4 %) (Fey (1936), S. 62). Die GEHAG selbst baute überwiegend Klein- und Kleinstwohnungen (zwischen 1924 und 1929 waren es knapp 79 % aller erstellten Wohnungen), die aber zugleich hohe qualitative Standards erfüllten. Gerade deshalb erfahren diese Bauten der 1920er Jahre bis heute Anerkennung, als herausragende sozialpolitische wie auch städtebauliche und architektonische Leistungen (vgl. Ruck (1987)).

Lehren für den sozialen Wohnungsbau von heute?

Kann man aus dem Wohnungsbau der Hauszinssteuerära Lehren für heute ziehen? Die Problemlage in Städten wie Berlin war nach dem Ersten Weltkrieg in einigen Aspekten vergleichbar zu der heutigen. Die Leistungen im Bereich des Wohnungsbaus, vor allem bei Kleinwohnungen in den 1920er Jahren, beeindrucken bis heute. Aus theoretischer Sicht kaum überraschend zeigte sich, dass diese Erfolge ohne die sehr umfangreiche Bereitstellung öffentlicher Mittel nicht zustande gekommen wären. Es fehlt zwar bisher eine ernstzunehmende quantitative Untersuchung, aber der Zusammenhang zwischen Wohnungsneubau, vor allem gemeinwirtschaftlichem Wohnungsneubau und Fördermitteln aus der Hauszinssteuer, erscheint doch recht deutlich (vgl. Abbildung S. 63. Die besondere Situation am Ende der Hyperinflation eröffnete die Möglichkeit, um »windfall profits« zu generieren (durch die Dritte Steuernotverordnung, nämlich die nur begrenzte Aufwertung der Hypothekenschulden und gleichzeitig geringen Mieten im Altbestand) und diese im nächsten Schritt abzuschöpfen (durch die Hauszinssteuer). Weil sowohl viele Hausbesitzer als auch zahlreiche Mieter von der Situation kurzfristig profitierten, erhöhte dies ohne Zweifel die sozialpolitische Akzeptanz dieser sehr umfangreichen Förderung. Dennoch rief sie viel zeitgenössische Kritik hervor, die bis heute wiederholt wird. Ein gewichtiger Kritikpunkt bezog sich auf die angeblich mangelnde Effizienz der öffentlichen Förderung, besonders der geförderten gemeinnützigen Wohnungsbauunternehmen. Wiederum gilt, dass eine detaillierte quantitative Untersuchung zu diesem Thema fehlt. Aber die verfügbare Evidenz legt nahe, dass diese Kritik weit überzogen war. Die Bauhüttenbewegung hat vermutlich eher dazu beigetragen, kostengünstiger und effizienter zu bauen. Man müsste eine größere Anzahl »vergleichbarer« Bauprojekte privater und gemeinwirtschaftlicher Unternehmen der Zeit auf ihre Kostenstruktur untersuchen, was bisher nicht geschehen ist. Eine solche Untersuchung würde jedoch sicherlich zeigen, wie wichtig lokale Faktoren für die Baukosten waren, insbesondere die Koordination zwischen Bauwirtschaft Verwaltung und Politik sowie die Verfügbarkeit von Bauland. Martin Wagner war mit seinen Siedlungsprojekten in Berlin so erfolgreich, weil er selbst die Schnittstelle zwischen Wirtschaft, Verwaltung und Politik war, die so häufig fehlt. Und zugleich war Berlin seit der Schaffung von Groß-Berlin 1920 eine Stadt, die über sehr große Flächen für Bauprojekte verfügte. Neben Fördermitteln und Rationalisierung im Bau war es damals wohl ebenso die gute Koordination und die Verfügbarkeit von Bauflächen, die Wohnungsbauprojekte wie die Hufeisensiedlung oder die

Waldsiedlung Zehlendorf möglich gemacht haben. Auch wenn sich vieles nicht wiederholen lässt, machen diese Überlegungen doch deutlich, was zusammenkommen müsste, um auch heute in größerem Umfang neuen Wohnraum für einkommensschwache Haushalte zu schaffen.

Literatur

Bartels et al (im Erscheinen): Charlotte Bartels, Felix Kersting, Nikolaus Wolf, »Testing Marx: Capital Accumulation, Income Inequality, and Socialism in Late Nineteenth-Century Germany«, The Review of Economics and Statistics, im Erscheinen.

Bernhardt und Vonau (2009): Christoph Bernhardt und Elsa Vonau, »Zwischen Fordismus und Sozialreform: Rationalisierungsstrategien im deutschen und französischen Wohnungsbau 1900–1933«, Zeithistorische Forschungen/Studies in Contemporary History 6 (2009), S. 230-254.

Blaich (1969): Fritz Blaich, »Der private Wohnungsbau in den deutschen Großstädten während der Krisenjahre 1929–1933«, Jahrbücher für Nationalökonomie und Statistik, vol. 183 (1), 1969, 435–448.

Borchardt (1971): Knut Borchardt, »Realkredit- und Pfandbriefmarkt im Wandel von 100 Jahren«, in: Rheinische Hypothekenbank (Hrsg.), 100 Jahre Rheinische Hypothekenbank, Frankfurt a.M. 1971, S. 107–196.

Denkschrift (1927): Der Reichsarbeitsminister (Hrsg.), Denkschrift über die Wohnungsnot und ihre Bekämpfung, Reichstag. III. 1924/27. Drucks. Nr. 3777.

Der deutsche Wohnungsbau (1931): Verhandlungen und Berichte des Unterausschusses für Gewerbe: Industrie, Handel und Handwerk (III. Unterausschuss), Der deutsche Wohnungsbau, 1931, Berlin.

DIW Wochenbericht (2024): Martin Gornig und Laura Pagenhardt, »Bauvolumen dürfte erstmals seit der Finanzkrise nominal sinken – Lage im Wohnungsbau spitzt sich Martin«, DIW WB 1/2/2024.

Fey (1936): Walter Fey, »Leistungen und Aufgaben im deutschen Wohnungs- und Siedlungsbau«, Sonderhefte des Instituts für Konjunkturforschung Nr. 42, Berlin, 1936.

Frühjahrsgutachten (2024): Lars P. Feld et al., Frühjahrsgutachten Immobilienwirtschaft 2024 des Rates der Immobilienweisen, ZIA Berlin.

GEHAG (1957): GEHAG Berlin (Hrsg.), Gemeinnützige Heimstätten-Aktiengesellschaft 1924-1957. Entstehung und Entwicklung eines gewerkschaftlichen Wohnungsunternehmens, 1957, Berlin: Gebr. Feyl.

Gut (1928): Albert Gut, Der Wohnungsbau in Deutschland nach dem Weltkriege, München 1928.

IW-Kurzbericht (2023): Philipp Deschermeier, Anna-Maria Hagenberg und Ralph Henger, »Wie groß ist der Bedarf an neuen Sozialwohnungen«, IW KB 87/2023.

Kohn (1902 ff.): Albert Kohn (Hrsg.), Unsere Wohnungs-Enquête im Jahre … , Ortskrankenkasse für den Gewerbebetrieb der Kaufleute, Handelsleute und Apotheker, Berlin 1902–1913.

Kramper (2008): Peter Kramper, Neue Heimat. Unternehmenspolitik und Unternehmensentwicklung im gewerkschaftlichen Wohnungs- und Städtebau 1950–1982, Vierteljahrschrift für Sozial- und Wirtschaftsgeschichte – Beihefte 200, 2008, Stuttgart: Franz Steiner.

Pribram (1930): Karl Pribram, »Die volkswirtschaftlichen Probleme der deutschen Wohnungswirtschaft,« in Schriften des Vereins für Sozialpolitik, Vol. 177 (1930).

Ritschl (2002): Albrecht Ritschl, Deutschlands Krise und Konjunktur 1924-1934. Binnenkonjunktur, Auslandsverschuldung und Reparationsproblem zwischen Dawes-Plan und Transfersperre, Jahrbuch für Wirtschaftsgeschichte Beiheft 2/2002, Berlin: Akademie Verlag.

Ruck (1987): Michael Ruck, »Der Wohnungsbau – Schnittpunkt von Sozial- und Wirtschaftspolitik. Probleme der öffentlichen Wohnungspolitik in der Hauszinssteuerära (1924/25–1930/31)«, in: Werner Abelshauser (Hrsg.), Die Weimarer Republik als Wohlfahrtsstaat., 1987, Stuttgart: Franz Steiner, S. 91–123.

Schmidthuysen (1928): Fritz Schmidthuysen, »Die Entwicklung der Wohnungsbauabgabe und des Geldentwertungsausgleichs bei bebauten Grundstücken (Hauszinssteuer) in Deutschland«, FinanzArchiv / Public Finance Analysis, 1928, 45. Jahrg., H. 1 (1928), 162–255.

Statistisches Reichsamt (1933): Statistisches Reichsamt, Statistisches Jahrbuch für das Deutsche Reich, 52. Jahrgang, Berlin: Hobbing.

Wagner (1926): Martin Wagner: »Wohnungsproduktion und Mietsteigerung«, Die Bauwelt, Nr. 38, 1916.

Witt (1979): Witt, Peter-Christian (1979), »Inflation, Wohnungszwangswirtschaft und Hauszinssteuer. Zur Regelung von Wohnungsbau und Wohnungsmarkt in der Weimarer Republik«, in: Lutz Niethammer (Hrsg.), Wohnen im Wandel, 1987, Wuppertal: Peter Hammer Verlag, S. 385–407.

Anis Ben-Rhouma/Robert Drewnicki

»Wohnraum gehört mit Verfassungsrang geschützt!«: So sollte Berlin seine Tradition des Werkswohnens wiederbeleben

Gastbeitrag im Tagesspiegel vom 17. März 2024

Babylon Wohnungssuche: »Eine Million Berliner suchen Wohnung« – das war die reale Schlagzeile der Berliner Zeitung »Tempo« im Oktober 1929. Die Zeitung »Tempo« wurde einem größeren Publikum durch die Serie »Babylon Berlin« in Erinnerung gerufen. Die Schlagzeile könnte kaum aktueller sein. Denn auch heute fast 100 Jahre später ist die »Wohnungsfrage« – mit einer Artikel-Reihe unter diesem Titel hat bereits Friedrich Engels im Jahr 1873 auf die Umstände und das Elend von arbeitenden Menschen in Bezug auf ihre Unterkünfte aufmerksam gemacht – zur zentralen Frage der Gesellschaft geworden. Ihre Lösung ist ein ganz entscheidender Baustein gegen die gesellschaftliche Polarisierung. Die öffentliche Diskussion hierzu verengt sich aus unserer Perspektive zu sehr auf die Fragen der Enteignung, der Randbebauung des Tempelhofer Feldes und anderer in Diskussion stehender Flächen und nicht auf die eigentlich drängende Frage: Wie können wir den Bedarf an Wohnungen mit bezahlbaren Mieten für arbeitende Menschen in Berlin realistisch abdecken?

Die Geschichte des arbeitnehmerorientierten Wohnens kann uns hierfür auch heute noch die notwendigen Leitplanken geben. In den immer noch aktuellen Plänen des Senats ist gemeinwohlorientierter Wohnraum ein zentraler Schlüssel. 50 Prozent der entstehenden Wohnungen sollen demnach gemeinwohlorientiert sein. Das Ziel soll anscheinend im neuen Entwurf zum Stadtentwicklungsplan Wohnen (StEP Wohnen) genauso fortgeschrieben werden. Zentrale Säulen sind hierbei Genossenschaften und landeseigene Wohnungsbaugesellschaften. Das ist mehr als richtig, wird aber aufgrund der aktuellen Lage bei Weitem nicht ausreichen. Um die Ziele zu erreichen, ist eine dritte Säule des Wohnungsbaus mit bezahlbaren Mieten notwendig, für die es in Berlin historische Vorbilder gibt und deren Errungenschaften heute noch mehr als sichtbar sind.

Die GEHAG – die Gemeinnützige Heimstätten-, Spar- und Bau-Aktiengesellschaft – wurde am 14. April vor 100 Jahren in Berlin gegründet, um dem wohnungspolitischen Elend der arbeitenden Bevölkerung etwas entgegenzusetzen.

Wer sich heute noch die Waldsiedlung Zehlendorf, die Hufeisensiedlung oder die Wohnstadt Carl Legien anschaut, kann die Dimensionen erahnen, in denen damals gedacht und dann auch gehandelt wurde.

Fünf Punkte einer neuen Säule bezahlbaren Wohnens

Das gesamte Konzept gewerkschaftseigener Wohnungen ist jedoch durch die Geschichte der Neuen Heimat und dem dazugehörigen Skandal heutzutage historisch belastet und eine Neuauflage ist nicht in Sicht. Dennoch ist der Bedarf sehr wohl da und verknüpft sich mit einem anderen Problem: Der Fach- bzw. Arbeitskräftefrage. Berliner Unternehmen suchen händeringend Arbeitskräfte und die erste Frage, die sich Menschen wohl stellen, wenn sie überlegen, nach Berlin kommen zu wollen, lautet »Finde ich denn für meine Familie und mich überhaupt eine bezahlbare Wohnung?«

Erstens:
Der Senat muss die Koordinierung übernehmen

Zweifelsohne ist die Wohnungsfrage von gesamtstädtischem Interesse – auch, weil es hier um die Sicherung des Wirtschaftsstandortes Berlin geht. Aufgabe der zuständigen Senatsverwaltungen (Stadtentwicklung, Wirtschaft, Arbeit und Finanzen) wären belastbare Vereinbarungen mit der Wirtschaft und Unternehmen, die Schaffung eines organisatorischen Rahmens und die Bereitstellung von Know-how.

All dies muss dem öffentlichen Auftrag gerecht werden. Und eigentlich müsste das Thema zur »Chefsache« vom Regierenden erklärt werden.

Zweitens:
Die Unternehmen müssen Verantwortung übernehmen

Als erster Schritt muss hierbei ähnlich wie vor gut zehn Jahren bei der Entwicklung der Kooperativen Baulandentwicklung ein Vertrag mit den Unternehmensverbänden als Vertreter der unmittelbar von den Wohnungen profitierenden Unternehmen verhandelt werden. Nächster Schritt wäre das Auflegen eines Werkswohnungsfonds der Unternehmen. Über diesen Fonds »kaufen« sich Unternehmen Belegungsrechte für Wohnungen. Die Wohnungen bleiben landeseigen und können auch nicht verkauft werden, wenn Unternehmen zum Beispiel in finanzielle Schieflage geraten.

Mehrwert der Unternehmen ist der »Standortvorteil« bei der Fachkräftegewinnung und -bindung.

Drittens:
Die Aufgabenübernahme durch eine landeseigene Wohnungsgesellschaft

Die klassischen landeseigenen Wohnungsbaugesellschaften sind mit der Schaffung bezahlbaren Wohnraums für breite Bevölkerungssichten ausgelastet. Mit der Berlinovo verfügt das Land Berlin aber über einen weiteren Wohnungsakteur, der für den Werkswohnungsbau ertüchtigt und als starker Partner des Landes eingesetzt werden könnte. Selbstverständlich ist, dass mindestens die zu nutzenden Grundstücke im Landesbesitz bleiben. In Ausnahmefällen kann auch geprüft werden, inwieweit unternehmenseigene Grundstücke eingebunden werden und unter bestimmten Bedingungen Wohnungsbaurecht erteilt wird. Dies aber nur da, wo das Grundstück absehbar nicht weiter gewerblich genutzt werden soll, denn auch Gewerbeland zur Ansiedlung und Erweiterung ist in Berlin knapp.

Viertens:
Werkswohnungsprojekte kooperativ begleiten
Neben der Legislative und Exekutive müssen weitere für eine sozial gerechte Wohnraumversorgung relevante Partner wie zum Beispiel der Mieterschutzbund, Genossenschaften, Sozialpartner, Gewerkschaften und weitere relevante wirtschaftliche und soziale Akteure in einen Beirat eingebunden werden, der die grundlegenden Verhandlungen mit begleitet und im laufenden Prozess in die Umsetzungsentscheidungen zustimmungspflichtig eingebunden wird.

Fünftens:
Kommunales Eigentum verfassungsrechtlich schützen
Die Quasi-Schaffung einer neuen landeseigenen Wohnungsbaugesellschaft und die damit verbundenen Steuerungs- und Entscheidungsstrukturen müssen endlich dazu führen, kommunales Eigentum auch dauerhaft zu sichern und vor einfachen parlamentarischen Mehrheitsentscheidungen zu schützen. Daseinsvorsorge – und dazu gehört auf jeden Fall Wohnraum – gehört mit Verfassungsrang gesichert, darf also im äußersten Fall nur mit einer Zweidrittel-Mehrheit aus seiner gesamtgesellschaftlichen Verpflichtung entlassen werden.

Bezahlbaren Wohnraum schaffen gegen die gesellschaftliche Polarisierung: Zu welcher Entwicklung gesellschaftliche Polarisierung führen kann, ist historisch verbrieft und spielt – um den Bogen zur Schlagzeile in der Zeitung »Tempo« zu schließen – in der Serie Babylon Berlin eine zentrale Rolle. Wir sehen keinen Anlass, »Weimarer Verhältnisse« herbeizureden, aber die Wohnungssuche für arbeitende Menschen nimmt mittlerweile wirklich babylonische Züge an. Helfen wir ihnen als Stadt Berlin zusammen mit hier ansässigen verantwortungsvollen Unternehmen endlich, dass sie mit ihren Familien bessere Chancen haben, wieder bezahlbare Wohnungen zu finden.

Werbung der Förderer und ehemaliger Beteiligter der GEHAG

Arbeiter- Baugenossenschaft „Paradies" eG

Die **Arbeiter- Baugenossenschaft „Paradies" eG** ist geprägt durch ihre landschaftlich reizvoll gelegene **Gartenstadt** im Südosten Berlins und hat sich seit ihrer Gründung im Jahr 1902 die solidarische Selbsthilfe als Ziel gesetzt.

In diesem Zusammenhang war die Genossenschaft ein Mitaktionär bei der GEHAG und konnte auch entsprechende Leistungen mit nutzen.

Dies machte sich besonders durch die Einbeziehung des damaligen **Architekten Bruno Taut,** der auch sonst viele Gebäude und Siedlungen für die GEHAG entworfen und umgesetzt hat, bemerkbar.

Die zwischen 1904 bis 1939 entstandenen Häuser spiegeln die zeitgenössischen Stile der einzelnen Bauphasen wider. Überregional wurde die Genossenschaft vor allem durch den vom renommierten Architekten Bruno Taut in den 1920er Jahren geplanten Siedlungsteil bekannt. Hierbei handelte es sich sowohl um Reihenhäuser als auch Mehrfamilienhäuser.

Noch heute bildet die solidarische Selbsthilfe eine wichtige Basis des genossenschaftlichen Lebens. Damit verbunden ist ein hoher Anteil gemeinschaftsorientierter Eigenleistungen der Bewohner.

Mit dem 2010 fertiggestellten „Wohnpark Paradies" wurde die historische Stammsiedlung um 97 familiengerechten Wohnungen in 13 Häusern erweitert und die Gartenstadtidee in neuer Form fortgesetzt. Die Gebäude entsprechen dem Niedrigenergiestandard und werden mit einer zentralen Holz-Pelletheizung versorgt.

In den Jahren 2020-2023 fand eine Lückenschließung zur Ergänzung des genossenschaftlichen Bestandes statt. Dadurch war es möglich, weitere 16 barrierearme Wohnungen, die neue Geschäftsstelle und einen Veranstaltungsraum zu errichten.

Nach 80 Jahren kehrte damit die Geschäftsstelle der Genossenschaft im Dezember 2023 wieder an ihre ursprüngliche Adresse in der Paradiesstraße 258 zurück.

ABG Paradies - *Kurz & Knapp*

Gründungsjahr:	1902
Anzahl der Wohnungen:	789
Zahl der Mitglieder:	1.459
Mitglied im Forum seit:	1996
Mitbestimmung:	Mitgliederversammlung
Wohnungsbestand in:	Treptow-Köpenick, Pankow

Paradiesstraße 258, 12526 Berlin

Baugenossenschaft IDEAL eG

Gründung der Baugenossenschaft IDEAL eG

Am 9. April 1907 wurde die Baugenossenschaft IDEAL eG von Gründungsvätern aus dem sozialdemokratisch gewerkschaftlichen Umfeld der Rixdorfer Ortskrankenkasse ins Leben gerufen. Inmitten der Berliner Mietskasernen wurde die „IDEAL Passage" den Forderungen nach Luft, Licht und Sonne gerecht und bot zusätzlich den Luxus einer „Entstäubungsanlage". Diese neuen Baumerkmale erhöhten die Wohnqualität und baten Schutz vor Krankheiten.

IDEAL Passage – Fertigstellung 1907

Verbindung zur GEHAG

Am 14. April 1924 wurde die GEHAG zur konkreten Bauausführung von Bauvorhaben mit einem Grundkapital von 50.000 Mark gegründet. Neben Gewerkschaften und natürlichen Personen waren auch Berliner Genossenschaften an der Gründung beteiligt. Eine dieser Genossenschaften war die IDEAL eG, die sich mit einem Anteil von 1.000 Mark engagierte. Es gab auch personelle Verflechtungen, denn der langjährige Geschäftsführer der IDEAL eG, Franz Gutschmidt wurde 1925 zum alleinigen Vorstand der GEHAG bestellt.

Neubau Mariendorf – Fertigstellung

Die IDEAL eG heute

Über die letzten 117 Jahre wurde der Bestand der Baugenossenschaft sowie das Dienstleistungsangebot sukzessiv erweitert. Heute ist die Baugenossenschaft IDEAL eG ein modernes innovatives Dienstleistungsunternehmen, das im Sinne seiner Mitglieder agiert und somit auch nach all der Zeit seinen sozialen und genossenschaftlichen Gedanken nicht verloren hat.

Um dem steigenden Bedarf an Wohnraum seiner Mitglieder gerecht zu werden, ist die IDEAL eG unermüdlich mit der Errichtung von neuem Wohnraum beschäftigt. Im Jahr 2024 konnte der Erstbezug der fertig gestellten Wohnungen in Mariendorf realisiert werden.

	Gründung: 1907	Mitglieder: ca. 8.100
	Wohnungen: 4.523 Gewerbe: 63	Wohnbestand: Neukölln und Tempelhof Schöneberg
	Britzer Damm 55, 12347 Berlin | https://bg-ideal.de	
	info@bg-ideal.de | +49 30 609 901 0	

100 Jahre GEHAG –
Vorläuferorganisationen der Gewerkschaft ver.di waren mit dabei!

Menschen mit niedrigem Einkommen wohnten im Berlin der 1920er Jahre schlecht, beengt, ungesund, dunkel und teuer. Die Gewerkschaften wollten diese prekären Lebensbedingungen ihrer Mitglieder verbessern – aus eigener Kraft. Es entstand eine Gemeinwirtschaftsbewegung, in der die GEHAG in Berlin eine herausragende Rolle spielte.

An der GEHAG waren einige Vorläuferorganisationen der Vereinten Dienstleistungsgewerkschaft ver.di beteiligt: der Verband der Buchdrucker, der Verband der Lithographen und Steindrucker, der Verband der Buchbinder und der Verband der Graphischen Hilfsarbeiter sowie der Gesamtverband der Arbeitnehmer der öffentlichen Betriebe und des Personen- und Warenverkehrs. Weiterhin der Allgemeine freie Angestellten-Bund, der Allgemeine Deutsche Beamtenbund, der Ortsausschuss Berlin des Allgemeinen Deutschen Gewerkschaftsbunds – allesamt sozialistische (Dach-)Verbände. Fach- und Hilfsarbeiter – obwohl in getrennten Verbänden organisiert – zogen in dieser Sache an einem Strang.

Die GEHAG galt als vorbildlich, innovativ, modern. Bis 1933 errichtete sie 9.300 lebenswerte „Heimstätten" für zahlreiche Arbeiter, Angestellte und ihre Familien, die vorher beengt und schlecht eher nur „gehaust" hatten. Echter gewerkschaftlich getriebener Fortschritt!

Entstanden ist die GEHAG im Kontext der damaligen Wohngemeinnützigkeit. Nicht Profit und Spekulation, sondern bezahlbarer und gesunder Wohnraum für breite Schichten der Bevölkerung war handlungsleitend. Gemeinnützige Wohnungsunternehmen erhielten öffentliche Förderung, im Gegenzug mussten sie ihre Mieten und Gewinne dauerhaft begrenzen.

Und später? Nach dem Zweiten Weltkrieg errichteten gemeinwirtschaftliche und gemeinnützige Unternehmen einen großen Teil der Wohnungen in Westdeutschland – sogar mehr als die Hälfte der Sozialwohnungen.

Die Wohngemeinnützigkeit war in jeder Hinsicht ein Erfolgsmodell. Dennoch schafte die schwarz-gelbe Bundesregierung sie 1990 ab. Ehemals gemeinnützige Wohnungsbestände fielen nun der Profitorientierung anheim. Bund, Länder, Kommunen und Sozialversicherungen privatisierten ihre Wohnungsbestände, in vielen Fällen sogar vollständig. Auch die GEHAG selbst, zwischenzeitlich ein öffentliches Unternehmen, wurde privatisiert. Der Markt sollte es richten. Allerdings hatte schon die Zeit vor Gründung der GEHAG gezeigt, dass genau das nicht funktioniert.

Und heute? Es kam, wie es kommen musste: In vielen Zentren, aber auch mittelgroßen Städten stiegen die Mieten – insbesondere die in neuen Verträgen – in aberwitzige Höhen. Zugleich kam und kommt der dringend notwendige Neubau von Sozialwohnungen nicht in Gang. Viele Beschäftigte können sich das Wohnen in der Nähe ihres Arbeitsplatzes nicht mehr leisten.

»Taut Rot« Hufeisensiedlung, Großsiedlung Britz, 1. und 2. Bauabschnitt, Terranova Nr. 62/110 B, entspricht Keim Granital Nr. G 3118, gemäß Farbgutachten Architekturwerkstatt Pitz-Brenne

Materialien und Dokumente zur Fachtagung

Steffen Adam

Bruno Taut und Dr. Martin Wagner – Ostpreußens Beitrag zum solidarischen Wohnungsbau

Erstmalig erschienen in der Preußische Allgemeinen vom 3. Mai 2024, Nr. 18/1, Seite 23

Am 14. April 1924 gründete der Stadtbaurat Dr. Martin Wagner[1] ein bis dato einzigartiges Unternehmen zur Versorgung breiter Schichten der Bevölkerung in den Ballungszentren mit bezahlbarem, gesundem und – wie wir heute wissen – nachhaltigem Wohnraum.

Die Besonderheit bestand vor allem darin, dass die GEHAG eine Vielzahl von gemeinwirtschaftlich progressiven Organisationen als Aktionäre in sich vereinigte und damit die Errichtung von Wohnraum breit in der Gesellschaft solidarisch verankerte. Zudem verpflichtete Dr. Wagner den Architekten Bruno Taut[2], der mit seinen Wohnkonzepten und seinen farbigen Bauten die spezielle GEHAG-Qualität erfand und die Grundlagen des Wohnens im 20. Jahrhundert weltweit entwickelte. Vier Siedlungen der GEHAG sind mittlerweile zum Weltkulturerbe der UNESCO erhoben worden.

Bruno Taut, der spätere Architekt der klassischen Moderne und Meister des farbigen Bauens, wurde am 4. Mai 1880 in Königsberg geboren. Martin Wagner kam am 5. November 1885 ebenfalls in der Hauptstadt der Provinz Ostpreußen zur Welt. Wagner studierte Architektur, jedoch mit dem Schwerpunkt Stadtplanung, Bauablauf und Organisation. Beiden Königsbergern gemein war der bohrende Trieb, ihr Können und ihre Fähigkeiten der Versorgung weiter Schichten der Bevölkerung mittlerer und unterer Einkommen mit optimalem Wohnraum zugutekommen zu lassen.

Dass der »Gute Wille«[3] philosophisch am Pregel geboren wurde, mag bei beiden Söhnen Königsbergs unterschwellig mitgewirkt haben, ihn im hypothetischen Imperativ in die Tat umzusetzen. Taut und Wagner lernten sich allerdings erst 1908 im Studium an der Technischen Hochschule Charlottenburg in Berlin kennen, gingen danach aber zunächst getrennte Wege: Während Bruno Taut mit der Siedlung Paradies das Bunte Magdeburg errichtete, avancierte Martin Wagner 1916 als Doktor zum

---

1   Bernard Wagner: Martin Wagner (1885–1957). Leben und Werk. Eine biographische Erzählung. Hamburg 1985
2   Winfried Brenne: Bruno Taut. Meister des farbigen Bauens in Berlin. Verlagshaus Braun, 2005, ISBN 3-935455-82-8
3   Ronny Gerasch: Der gute Wille – Kants Konzeption in der »Grundlegung zur Metaphysik der Sitten«, Seminararbeit, GRIN Verlag, München 2004

Bruno Taut, 24. Dezember 1933 in Tokio, Japan.

Baustadtrat von Schöneberg. In dieser Funktion organisierte Wagner den ersten Siedlungsbau der neuen, jungen Republik, den Lindenhof, zu dem Taut von Ferne das Ledigenheim – ein Geschossbau mit 1-Zimmer-Wohnungen – beisteuerte.

Dr. Martin Wagner unterstützte gleich nach dem Ersten Weltkrieg die Gründung freier, sozialer Baubetriebe durch den Deutschen Bauarbeiterverband. Zusammen mit dem Gewerkschaftler August Ellinger vertrat Wagner diese nun in der Bauhüttenbewegung zusammengefassten Betriebe reichs- und sogar europaweit. Die Gewerkschaften der europäischen Nationen fanden viel schneller wieder zueinander, als es politische Organisationen je vermochten oder auch nur anstrebten. Die sozialen Baubetriebe sollten als erstes Standbein gemeinwirtschaftlichen Bauens lediglich die eigenen Gehälter erwirtschaften. Wagner setzte durch, dass sie trotz Subvention durch die Gewerkschaften stets im Wettbewerb untereinander blieben und vom unabhängigen Revisionsverband beaufsichtigt wurden.[4]

Die gewinnorientierte Privatwirtschaft reagiert prompt: Sie organisierte einen Liefer-Boykott von notwendigen Baustoffen gegen die Bauhütten, versuchte einen Preiskampf und wehrte sich heftig, den sozialen Baubetrieben die Gemeinnützigkeit im Wohnungsbau zuerkennen zu lassen.

Dr. Martin Wagner überzeugte den Allgemeinen Deutschen Gewerkschaftsbund (ADGB) und den Allgemeinen freien Angestelltenbund baustoffproduzierende Betriebe oder Industrie zu erwerben. Sie sollten als freie Baustoffproduzenten das zweite Standbein der Bauhüttenbewegung bilden. Bis Ende 1922 wurden Ziegeleien, Betonwerke, Wälder und Sägewerke erworben – und gerade noch rechtzeitig: Die Besetzung des Rheinlandes nutzte die Reichsregierung, um mit einer Hyperinflation gewaltigen Ausmaßes dem Ausland gegenüber zu beweisen, dass Deutschland die Reparationen unmöglich bezahlen könne. Dass auch der Mittelstand darüber seine Ersparnisse verlor, nahm die Regierung hin. Immobilien hingegen behielten ihren Wert, wurden sogar entschuldet.

Deshalb wurde die Besteuerung der Immobilien-Vermögen von Rudolf Hilferding[5], Finanzminister im »Kabinett der Fachleute« unter Gustav Stresemann, zur Grundlage der rettenden Währungsreform. Martin Wagner ergriff die Chance, um das dritte Standbein der sozialen Betriebe zu gründen: Die Gemeinnützige Heimstätten AG (GEHAG)[6]. Damit war zu den Baubetrieben, den Baustofferzeugern nun auch die Seite der Auftraggeber sozialisiert. Viele Fachleute waren erstaunt, dass Martin Wagner nicht selbst Vorstand der GEHAG wurde, aber er holte Bruno Taut aus Magdeburg und ernannte ihn zum Chefarchitekten.

Gleich das erste Projekt der am 14. April 1924 gegründeten GEHAG begeisterte die Fachwelt: Der erste Bauabschnitt 1924 der Siedlung am Schillerpark in Berlin-Wedding. Die Siedlung, von Bruno Taut konzipiert, gehört seit 2008 als »Siedlungen der Berliner Moderne« zum Weltkulturerbe der UNSECO. Das zweite, die Großsiedlung Britz, »Hufeisensiedlung«[7], ab 1925, gehört ebenfalls zum Welterbe. Das dritte, die Waldsiedlung Zehlendorf »Onkel-Toms-Hütte« ab 1926[8], steht seit November 2023 auf der Tentativliste zum Welterbe. Dann folgen die Wohnstadt Carl Legien – Welterbe, die Siedlung Buschallee in Weißensee, die Trierer Straße. Fast alle Siedlungen der

---

4   August Ellinger: 10 Jahre Bauhüttenbewegung. Verlagsgesellschaft des Allgemeinen Deutschen Gewerkschaftsbundes, Berlin 1930
5   William Smaldone: Rudolf Hilferding. The Tragedy of a German Social Democrat. Northern Illinois University Press, 1998, ISBN 0-87580-236-2.
6   Steffen Adam: Blaupause für den Weg aus der Wohnungskrise – 99 Jahre GEHAG. In: Berliner Morgenpost, Nr. 113 vom 27.04.2023, Seite 15
7   Norbert Huse (Hrsg.): Vier Berliner Siedlungen der Weimarer Republik. Argon Verlag, Berlin 1987, ISBN 3-87024-109-8
8   Steffen Adam: Durch und durch sozial Zur Geschichte der GEHAG. In: Die Baukultur, Zeitschrift des Verbandes Deutscher Architektenvereine, Nr.5 1923, Berlin, 01.09.2023, Seite 12–13

Großsiedlung Britz, 2. Bauabschnitt, Geschosswohnungsbau.

Großsiedlung Britz, 2. Bauabschnitt, Geschosswohnungsbau: Minimierung der Verkehrsflächen.

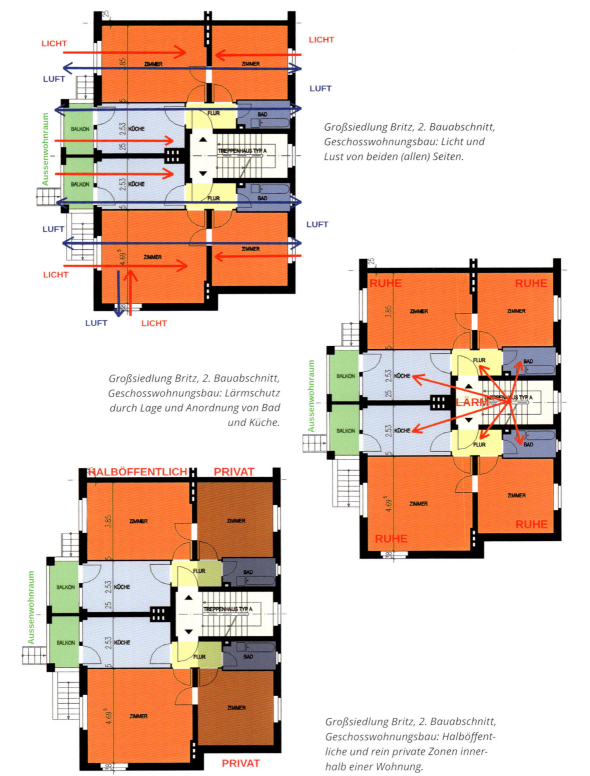

GEHAG, aus dieser Zeit, nach Plänen von Bruno Taut errichtet, sind in die Denkmalliste Berlins eingetragen[9].

Bruno Taut verband in genialer Weise seine Verantwortung für breite Schichten der Bevölkerung mit den Ideen des hygienischen Wohnungsbaus, wie sie Albert Kohn, Direktor der Allgemeinen Ortskrankenkasse AOK propagierte[10], und Auflagen staatlicher und städtischer Förderungen, die den Geist Martin Wagners atmeten.

Städtebaulich variierte Bruno Taut seine Baublöcke bzw. Miethäuser durch Vor- und Rücksprünge oder öffnete die Blöcke mit freien Ecken oder Durchgängen. Als Bauhöhe strebte Taut vier Geschosse bei Miethäusern an. Die Abstände dieser Häuser konstruierte Bruno Taut am Sonnenstand, damit sich die Blöcke untereinander nicht verschatteten. Zwischen den Baublöcken wurde »Sanitäres Grün« als Gemeinschafts- oder Mietergärten angelegt. Konzeptionell wird das Mietshaus der GEHAG als Zweispänner oder als Laubengang erschlossen. Die Hausbreite beträgt bei Bruno Taut rund 11 m.

Als vorrangige Größe von Geschosswohnungen strebte Bruno Taut für 1–4 Personen (Kinder bis 6 Jahre) 50–60 m², 2 ½ Zimmer, an. Deshalb war es Bruno Taut besonders wichtig, dass jede Wohnung über einen Balkon, eine Terrasse oder Loggia verfügen sollte[11]. Als Außenwohnraum bezeichnete Taut diese Notwendigkeit im Wohnungsbau.

Die Flurfläche in den Wohnungen minimierte Taut, erschloss jedoch mit diesem einen Flur alle Räume der Wohnung. Alle Räume waren nach außen zu belichten und zu belüften. Das Verhältnis von Länge und Breite näherte sich dem Goldenen Schnitt an. Küche und Sanitärraum lagen bei Taut am Wohnungseingang. Das sollte die übrige Wohnung vor Lärm schützen. Die vollen Wohnräume waren etwa 20 m² groß und gleichwertig, um flexible Nutzung zu gewährleisten. Halbe Wohnräume machte Taut mindestens 10 m² groß. Lediglich die Sanitärräume waren mit etwa 5 m² nach heutigen Bedürfnissen viel zu klein.

Bei Reihenhäusern stellte sich heraus, dass es günstig ist, zwischen Treppe und Wohnräumen einen Flur zur Erschließung der hinteren Räume einzuplanen. Die optimale Hausbreite legte Bruno Taut bei 5,50 m fest.

Dr. Martin Wagner erschuf mit Gemeinnützige Heimstätten AG GEHAG sein bedeutendstes organisatorisches Werk, Bruno Taut sein größtes architektonisches. Beide Werke zusammen erscheinen bis heute als bedeutendster Beitrag Ostpreußens und vorbildlich für einen solidarischen Wohnungsbau, der die Herstellung aktuell benötigter Wohnungen und zukünftigen Wohnens ermöglicht.

---

9 Denkmaldatenbank Berlin: https://www.berlin.de/landesdenkmalamt/denkmale/liste-karte-datenbank/denkmaldatenbank/

10 Steffen Adam: *Die gesunde Wohnung für jedermann – Die Erfindung des gesunden Wohnens*. In: *Die Wohnungswirtschaft*. März 2024, Seite 42–47

11 Grundlage analog der Förderungskriterien der Hauszinssteuer-Kredite 1926 von Martin Wagner bei Vergrößerung der Fläche der Sanitärräume gemäß heutigen Bedarfs.

Steffen Adam

August Ellinger – Wohnungsbau gewerkschaftlich, genossenschaftlich, gemeinnützig

Der Artikel erschien am Samstag, den 10. Juni 2023, in ND Die Woche, Nr. 132, Mikroskop, Seite 19

Am 18. Juni 1933 nahm sich August Ellinger in seinem Berliner Haus, Zikadenweg 60, in der nach Plänen von Bruno Taut errichteten Siedlung Eichkamp[1], das Leben[2]. Der Gewerkschafter, führend in der Arbeitervertretung im Baugewerbe und in genossenschaftlichen Organisationen im Wohnungsbau, starb angesichts drohender Verhaftung, Verhören, Folterungen durch deutsche Behörden, die damals selbst der nationalsozialistischen Diktatur anheimgefallen waren.

Ellinger sah sich bedroht als bekannter Arbeiterführer und Mitglied der SPD. Sein Fokus lag im Bauwesen, in der Schaffung sozial-bezahlbaren Wohnraums für die breite Masse der Bevölkerung und sicherer, nachhaltiger Arbeitsplätze am Bau. Dabei könnte man annehmen, dass August Ellinger im Grunde einer unverfänglichen Betätigung nachging, äußerst nützlich für Volkswirtschaft und Gemeinwohl.

Ein Heer arbeitsloser Bauarbeiter und demobilisierter Soldaten standen 1919 einem Wohnungsfehlbestand im Deutschen Reich von rund 700.000 Wohnungen gegenüber. Was könnte im Sinne des Erfurter Programms der neu firmierten Sozialdemokratischen Partei Deutschlands, den Gewerkschaften und allen progressiven Kräfte der Gesellschaft natürlicher sein, als beide Missstände gegeneinander aufzuwiegen, indem man sie miteinander gemeinnützig und genossenschaftlich verband?

Die Bauhüttenbewegung

Das jedenfalls war die Idee Ellingers: Mit dem Geld der Gewerkschaften, insbesondere des Allgemeinen Deutschen Gewerkschaftsbundes, wurden ab 1918 reichsweit in echter Selbsthilfe von Handwerkern, Facharbeitern und kleinen Unternehmern freie Baufirmen gegründet[3]. Diese sollten wenig mehr als die Arbeitslöhne und die durch

---

1 Winfried Brenne: Bruno Taut. Meister des farbigen Bauens in Berlin. Verlagshaus Braun, Schweiz Salenstein 2005
2 Dr. Holger Martens: August Ellinger Hamburg. Biografischer Artikel der Historikergenossenschaft, Hamburg, November 2021
3 Dr. Martin Wagner: Neue Wege zum Kleinwohnungsbau. Ein Programm der Selbsthilfe. Dreikellenbücher, Reihe A, Heft 2, Berlin 1924

laufenden Kosten für Baumaterial und Verwaltung erwirtschaften[4]. August Ellinger versprach sich besondere Leistungsfähigkeit dieser Baufirmen, die sich Bauhütten nannten, weil die Arbeiter hier selbst Herr ihrer Geschicke waren und »Besitzer ihrer Produktionsmittel«. Damit fand Ellinger in Dr. Martin Wagner[5], Baustadtrat von Schöneberg, einen kongenialen Mitstreiter und Freund. Ellinger und Wagner waren fortan in allen regionalen, nationalen und internationalen Gremien für die neue, soziale Bauwirtschaft federführend tätig.

August Ellinger

Für diese soziale Bauwirtschaft, das erkannten Ellinger und Wagner, war es wichtig, sich von der privaten, gewinnorientierten Baustoffindustrie unabhängig zu machen. Die Bauhüttenbewegung erwarb bis 1922 Wälder, Sägewerke, Ziegeleien, Betonwerke, Kunststeinfabriken etc. und dies nicht einen Augenblick zu früh. Denn 1923 begann die Hyperinflation, der auch einige Bauhütten zum Opfer fielen. Dank der Führung von August Ellinger und Martin Wagner überstand die Bauhüttenbewegung die Krise auf zwei gesunden Beinen: den sozialen Baubetrieben und den sozialen Baustofferzeugern[6].

Die freien Baugesellschaften

Ein drittes Standbein lag geradezu auf der Hand: die Sozialisierung der Auftraggeberseite und ein Wohnungsbau für die Bevölkerung durch die Organisationen, die für diese Bevölkerung wirken und eintreten. Zu diesem Zweck gründen August Ellinger und Martin Wagner am 13. März 1924 die Deutsche Wohnungsfürsorge-Aktiengesellschaft DEWOG[7] in Berlin. Deren operatives Geschäft, Auftragsvergabe an soziale Bauhütten, des Eigenbaus und der Verwaltung der entstandenen Immobilien, sollte bei gemeinnützigen Baugesellschaften der einzelnen Länder oder großen Städten liegen[8].

Berlin stand als Reichshauptstadt natürlich in besonderem Fokus und zog Vertreterinnen und Vertreter progressiver Ideen, Künstlerinnen und Künstler oder kreative

---

4   August Ellinger: Die Bauhüttenbewegung – ihr Wesen, ihr Ziel und Ihre Entwicklung. Verlagsgesellschaft des Allgemeinen Deutschen Gewerkschaftsbundes, Berlin 1927
5   Bernard Wagner: Martin Wagner (1885–1957). Leben und Werk. Eine biographische Erzählung. Hamburg 1985
6   August Ellinger: Zehn Jahre Bauhüttenbewegung – eine kurze Geschichte des Verbandes sozialer Baubetriebe. Verlagsgesellschaft des Allgemeinen Deutschen Gewerkschaftsbundes, Berlin 1930
7   Richard Linneke: Die DEWOG-Organisation in Deutschland. In: Wohnen, 6. Jahrgang, Heft 1/1931
8   Dr. Martin Wagner: Wissenschaftliche Betriebsführung im Baugewerbe. Ein Beitrag zur Verbesserung der baugewerblichen Arbeit. Dreikellnbücher, Reihe A, Heft 4, Berlin 1924

Gruppen aller Couleur an: Die Brüder Taut, Walter Gropius, Ludwig Mies van der Rohe, Hugo Häring oder Otto-Rudolf Salvisberg aus der Schweiz, um nur einige zu nennen. Vertreter des Bauhauses (aus Weimar, Dessau und Berlin) fühlten sich ebenfalls von der jüngsten Metropole angezogen, in der alles möglich schien.

Am 14. April 1924 gründeten August Ellinger und Dr. Martin Wagner im Bundeshaus des Allgemeinen Gewerkschaftsbundes die Gemeinnützige Heimstätten AG, GEHAG. Gründungsaktionäre wurden der Allgemeine Deutsche Gewerkschaftsbund ADGB unter Carl Legien (heute DGB), der Allgemeine freie Angestelltenbund AfA-Bund unter Siegfried Aufhäuser (heute bei Verdi), acht Einzelgewerkschaften, darunter die Baugewerkschaft (heute IG Bau-Agrar-Umwelt), die Baugenossenschaft Ideal, die Genossenschaft Freie Scholle Tegel (initiiert von Gustav Lilienthal), die Arbeiterbaugenossenschaft Paradies-Bohnsdorf, der Beamtenwohnverein Neukölln, die AOK-Neukölln mit Albert Kohn, die Wohnungsfürsorge der Stadt Berlin unter Emil Wutzky, die Konsumgenossenschaft Berlin und Umgebung, die Volksfürsorge (Rente) und die Bank der Arbeiter, Angestellten und Beamten. Die GEHAG finanzierte alle drei Standbeine der Bewegung: Baustoffe, Bauen, Beauftragen[9].

Was August Ellinger und Martin Wagner mit der GEHAG seit ihrer Gründung unternahmen, betraf nicht nur die Region Berlin-Brandenburg. Die Idee und Umsetzung eines gewerkschaftlich sozialen Bauens wurde reichsweit, ja europa- und weltweit diskutiert, kommentiert und übernommen[10]. Der GEHAG-Wohnungsgrundriss ist praktisch das Vorbild des Wohnens der Welt im 20. Jahrhundert geworden. Dies war ein Beweggrund, sechs Siedlungen der Berliner Moderne zum Weltkulturerbe zu erheben. Zwei dieser Welterbe-Siedlungen, die Hufeisensiedlung in Britz und die Wohnstadt Carl-Legien, wurden von der GEHAG Ellingers und Wagners erbaut und betrieben. Eine weitere GEHAG-Siedlung, die Waldsiedlung Zehlendorf »Onkel Toms Hütte« steht seit November 2023 auf der Tentativliste zum Welterbe als Nachnominierung.

Werk und Wirken nicht vergessen

Martin Wagner gelang nach der Machtübernahme der Nazis die Flucht in die Freiheit. August Ellinger hatte dazu keine Gelegenheit. Alle deutschen Gewerkschaften waren am 2. Mai 1933 zerschlagen, ihre Strukturen zerstört, ihr Vermögen beschlagnahmt worden. Prominente Gewerkschafter wurden verhaftet, so man ihrer habhaft wurde. Die Vorstellung, er müsse seine Tätigkeit vor Nazi-Schergen im KZ rechtfertigen, dürften in August Ellinger den Entschluss zum Freitod befördert haben.

---

9   Dr. Martin Wagner: Probleme der Baukostenverbilligung. Ein Beitrag zur Verbilligung des Wohnungsbaues. Dreikellenbücher, Reihe A, Heft 3, Berlin 1924
10 Karl-Heinz Peters: *Von der Gemeinnützigkeit zum Profit: Privatisierungsopfer Gehag – Herausforderung für alternative Wohnungspolitik*. VSA-Verlag, Hamburg 2016

Steffen Adam

Die Finanzierung der Wohnungsfrage und das Neue Bauen

Vor 100 Jahren wurde Rudolf Hilferding Finanzminister der Weimarer Republik

Abgedruckt im Vorwärts am 28. Juli 2023

Rudolf Hilferding wurde am 13. August 1923 Finanzminister der Weimarer Republik[1]. Am 4. Oktober desselben Jahres stürzte ihn eine Phalanx liberaler Politiker[2]. Diese heute entrückt erscheinende Periode des Deutschen Reiches gehört wirtschaftspolitisch zu den spannendsten der ersten Demokratie in Deutschland. Die Hyperinflation hatte die Wirtschaft des Staates und das Vermögen des Mittelstandes zerstört. Rudolf Hilferding schuf zur Wiederherstellung beider die Voraussetzung mit einer Währungsreform[3]. Als neue Einnahmequelle für den Staat plante Hilferding die Besteuerung wertstabilen Immobilienbesitzes. Die von ihm initiierte Hauszinssteuer sollte zur Hälfte dem allgemeinen Staatshaushalt zufallen und zur anderen Hälfte der Förderung des gemeinnützigen Wohnungsbaus zugutekommen.

Mit der Hauszinssteuer wurden 1926 die großen Siedlungsprojekte der jungen Republik finanziert: in Frankfurt am Main geplant unter dem Architekten Ernst May, Altona unter Gustav Ölsner, Hamburg unter Fritz Schumacher, Celle unter Otto Haesler, München, Hannover, Krefeld und natürlich in der Reichshauptstadt. In Berlin kamen die weltweit bedeutendsten Architekten der klassischen Moderne zusammen: Martin Wagner, Bruno Taut, Walter Gropius, Ludwig Mies van der Rohe, Peter Behrens. Im Grunde finanzierte Rudolf Hilferding den Wohnungsbau und die gesamte Periode, die als »Goldene Zwanziger Jahre« in die Geschichte eingegangen ist.

Das war in mehrfacher Hinsicht bemerkenswert: Hilferding, Sohn einer gutbürgerlichen Familie und promovierter Arzt, war Österreicher und emigrierte 1906 nach Deutschland. Politisch wurde ein Wechsel der Nation in allen Staaten Europas, die hoch national aufgeladen waren, als absolutes Ausschlusskriterium, als Desertation

---

1 Das Kabinett Stresemann – Die Regierung der großen Koalition. In: Vossische Zeitung, Nr. 380, B 188, vom 13. August 1923, Abendausgabe, Seite 1
2 Krise der Regierungskoalition. In: Vossische Zeitung Nr. 467, A197, vom 03. Oktober 1923, Morgenausgabe, Seite 1
3 Dr. Hjalmar Schacht: Die neue Währung. In: Vossische Zeitung, Nr. 468, B232, vom 03.10.1923, Abendausgabe, Seite 1–2

vor dem Feind bewertet – der ehemaligen Nation ein Fahnenflüchtiger, der neuen ein beargwöhnter Ausländer. Man erinnere sich an den »böhmischen Gefreiten«. Reichspräsident von Hindenburg hatte es lange abgelehnt, diesen Ausländer, diesen Migranten Adolf Hitler, überhaupt vorzulassen.

Rudolf Hilferding zählte hingegen zu den Eliten der k. und k. Doppelmonarchie. Seine Mitgliedschaft in der Sozialdemokratischen Partei Österreichs ab 1901 betrachteten die Konservativen als Klassenverrat. Der Vergleich mit dem jüdischen Sozialdemokraten Prof. Dr. Leo Martin Arons drängt sich in mehrfacher Hinsicht auf: Dr. Arons, der sich Zeit Lebens mit seinem privaten Vermögen für den sozialen Wohnungsbau engagiert hatte und hat, wurde als Physikprofessor an der Humboldt-Universität Berlin wegen seines Glaubens und als Sozialdemokrat auf Drängen Wilhelms II. von eben dieser Universität suspendiert. Die Wiedereinsetzung nach der Abdankung des Kaisers kam für den Wissenschaftler Leo Arons zu spät. Die Baugenossenschaft Ideal aus Berlin verdankt ihr Überleben den Zuwendungen von Professor Arons.

Bekannter noch dürfte der Übertritt Winston Churchills, der spätere britische Premierminister, 1904 von den Konservativen zu den Liberalen gewesen sein. Genau wie Churchill fand sich Rudolf Hilferding alsbald in der äußerst linken Ecke der Sozialdemokratie wieder.

Die Bewilligung der Kriegskredite des Deutschen Reichs für den Ersten Weltkrieg hatte die Arbeiterbewegung gespalten. Die Unabhängige Sozialdemokratische Partei (USPD) entstand. Rudolf Hilferding lehnte die Kriegskredite ebenfalls ab und trat der USPD 1917 bei. Allerdings setzte er sich vehement für eine Wiedervereinigung der Sozialdemokratie ein, die jedoch erst 1922 erfolgte. Denn Rudolf Hilferding galt diesen Linken als Reform-Revolutionär. Mit Reformen, so die Linken, macht man armen Leuten das Leben leichter – aber keine Revolution. Revolution und Beitritt zur Kommunistischen Internationalen waren jedoch die Ziele der USPD. Für den Beitritt sollten sich die deutschen Genossen der USPD den 21 Bedingungen Lenins und der KPdSU unterwerfen. Dieses Diktat wurde 1922 auf dem Parteitag in Halle diskutiert. Die USPD spaltete sich. Rudolf Hilferding und die Mehrheit der Genossen des Hallenser Parteitags waren seit dem 24. September 1922 wieder ordentliche Mitglieder der SPD, wenn auch gezeichnete.

Das Finanzministerium der Republik von Weimar war bis 1923 in der Regel an das konservativ-katholische Zentrum gegangen. Allenfalls hatte es mal ein Liberaler inne. Am 13. August 1923 wurde mit Rudolf Hilferding erstmalig ein Sozialdemokrat als Finanzminister vereidigt[4].

Die Situation war auch verfahren genug: Auf der einen Seite stand das siegreiche Frankreich mit dem Vertrag von Versailles. Trotz dieses Vertrages sah sich Frankreich

---

4   Das Kabinett Stresemann ernannt. In Vossische Zeitung Nr. 381, A 101, vom 14.08.1923, Morgenausgabe, Seite 1 und Die neuen Männer. In: Vossische Zeitung, Nr 382, B 189 vom 14.08,1923, Abendausgabe, Seite 2

Rudolf Hilferding, 1923 Finanzminister.

nicht befriedigt und versuchte die Bedingung gegen Deutschland immer wieder zu verschärfen. Es ging Frankreich um Schwächung des Nachbarn, Landnahme und Reparationen.

Das Deutsche Reich suchte hingegen nach einem international – mindestens aber einen vom Vereinigten Königreich und/oder den USA – anerkannten Nachweis, dass die geforderten Reparationsleistungen von Deutschland unmöglich zu erbringen seien. Diesen Nachweis glaubte die junge Republik und das Kabinett von Wilhelm Cuno mit einer schweren Wirtschaftskrise zu erbringen. Insofern schuf die Besetzung des Rheinlandes den Hardlinern auf beiden Seiten der Grenze politisch verwertbare Narrative: Frankreich und Belgien besetzten immer größere Teile des Rheinlandes und griffen auf die bedeutende Schwerindustrie des Reiches zu. Die Reichsregierung Cuno rief zum Ruhrkampf auf und finanzierte diesen mit der Notenpresse. Die Hyperinflation wurde sehenden Auges in Kauf genommen. 1929 hat Reichskanzler Heinrich Brüning die Weltwirtschaftskrise benutzt, um diesmal mit deflatorischen Mitteln die Zahlungsunfähigkeit Deutschlands nachzuweisen. Die Deflation stürzte das Reich in eine Depression. Die Machtübernahme durch die Nationalsozialisten folgte auf dem Fuße.

Eines hatte Rudolf Hilferding jedoch als Bürde zu tragen, was an sich schon jegliches politische Agieren oder gar ein Ministeramt verbot: Hilferding war Jude. Ob Rosa Luxemburg, Walter Rathenau oder die 352 anderen politischen Morde von rechts, Judentum an prominenter Stelle oder öffentliches Wirken war in Deutschland dieser Zeit lebensgefährlich. Sogar der erzkonservativ-katholische Zentrumsabgeordnete Matthias Erzberger war am 26. August 1921 von Reaktionären der Organisation Consul liquidiert worden. Denn Demokratie, Erfüllungspolitik gegenüber Frankreich, Linke und Judentum waren alle Mittel recht. Selbst die Juristen verweigerten als alte Eliten des Reiches der jungen Republik den ihr zustehenden Schutz. Der bürgerliche Reichspräsident Friedrich Ebert musste vom Gericht in Magdeburg das Urteil hinnehmen, dass er, Ebert, ein Vaterlandsverräter sei.

Gegen einen Finanzminister Rudolf Hilferding sprach also viel, selbst mag man denken, eigenes Interesse um persönliche Unversehrtheit. Für Hilferding sprachen seine ausgewiesenen Kenntnisse als Nationalökonom und sein fundiertes Fachwissen in Finanzfragen[5]. Vielleicht hielt sich Hilferding wie Walter Rathenau für einen deutschen Benjamin Disraeli, der unter Queen Victoria aufgestiegen und geadelt worden war, obgleich auch er Jude war. Walter Rathenau wurde am 24. juli 1922 erschossen. Hilferding traute sich das Finanzministerium zu und machte sich an die Arbeit[6].

Die Gelegenheit schien auch wieder günstig. Nach Wilhelm Cuno, den die Presse nur noch als den Verwalter des Notstands sah, beschrieb man das neue Kabinett unter Reichskanzler Gustav Stresemann als Regierung der Fachleute, die gewillt waren, den Ruhrkampf zu beenden. Die Weimarer Republik konnte ihn nicht mehr finanzieren. Es musste allerdings hingenommen werden, dass die Reichsregierung als Ganzes damit wiederum als Feigling vor dem Feind und Vaterlandsverräter erscheinen musste. Die Hugenberg- und Stinnes-Presse tobte. Politische Morde waren real zu befürchten.

Als Erstes legte Hilferding die Grundlage zur einer erforderlichen Währungsreform:

Die Eliten des ehemaligen Kaiserreichs, die ostelbischen Junker, propagierten Getreide als Deckung der neuen Währung. Hilferding konnte mit Unterstützung des damals noch liberalen Hjalmar Schacht den wertbeständigen Goldstandard durchsetzen.

Grundsätzlich stand die Frage im Raum, ob die Lasten aus Ruhrkampf und Hyperinflation der breiten Masse der Bevölkerung oder den Gewinnern dieser Katastrophen auferlegt werden sollte – man ist heute immer wieder an Aktuelles erinnert: Umverteilung außergewöhnlicher Gewinne aus Corona oder Ukrainekrieg. Als sozial geprägter Minister gab es für Rudolf Hilferding nur eine Antwort: Mit zwangsweisen Hypotheken und Grundschulden auf Liegenschaften von Landwirtschaft, Industrie und Gewerbe sollten die Schulden umverteilt und eine Deutsche Rentenbank finanziert werden. Eine neue Steuer war für den Geldentwertungsausgleich bei bebauten Grundstücken vorgesehen.

Die zu erwartenden Einnahmen aus dieser neuen Steuer, die später als Hauszinssteuer bekannt wurde, sollten zur Hälfte dem allgemeinen Staatshaushalt zufließen. Die andere Hälfte war allerdings zweckgebunden. Rudolf Hilferding plante, diese Steuereinnahmen ganz dem gemeinnützigen Wohnungsbau zugutekommen zu lassen. Mit einer Förderung des Wohnungsbaus könnte nicht nur der Fehlbestand von damals rund 700.000 Wohnungen im Reich abgebaut, sondern auch nachhaltig Arbeitsplätze im Baugewerbe geschaffen werden. Gleichzeitig würde dadurch auch die zuliefernde Industrie gestärkt, also Baustoffe wie Holz, Steine, Beton Stahl. In diesem Zusammenhang finden sich Hinweise zur Beratung durch den Architekten Dr. Martin Wagner

---

5   Rudolf Hilferding: Das Finanzkapital. In: Marx-Studien. Blätter zur Theorie und Politik des wissenschaftlichen Sozialismus. Band 3, Wien 1910, S. V–477.

6   Siehe auch: Else Frobenius: Rudolf Hilferding – Zu seinem 50. Geburtstag. In: Vossische Zeitung, Nr. 190, vom 10.08.1927

und die sozialen Bauhütten. Hilferding erhoffte sich durch diese Maßnahmen eine umfassende Erholung der deutschen Wirtschaft.

Umgesetzt wurden diese Ideen nicht mehr von Rudolf Hilferding selbst. Am 4. Oktober wurde er gestürzt[7]. Die Vossische Zeitung sprach von einem »kalten Kapp-Putsch«[8]. Stresemann baute sein Kabinett um[9]. Hilferdings Nachfolger wurde der parteilose Hans Luther[10]. Für Hilferding war dies politisch und persönlich eine Niederlage oder auch ein Glück: Er wurde damals nicht ermordet[11]. Für die Sache war es wahrscheinlich ein Glück. Hans Luther konnte alle Vorhaben umsetzen[12]. Reichspräsident Friedrich Ebert zeichnete sie ab: Die Verordnung über die Errichtung der Deutschen Rentenbank wurde am 15. Oktober 1923 erlassen. Die Bank gab erste neue Banknoten mit dem Datum 1. November um den 20.11.1923 heraus.

Die 3. Steuer-Notverordnung vom 14.02.1924 enthielt die Gebäudeentschuldungs- und die Obligationssteuer.

Genau einen Monat später gründeten Martin Wagner und August Ellinger am 13.03.1923 die DeWoG zum reichsweiten Wohnungsbau. Am 14. April 1924 wurde im Bundeshaus des Allgemeinen Deutschen Gewerkschaftsbundes (ADGB)[13] die Gemeinnützige Heimstätten AG (GEHAG) gegründet. Die GEHAG fand schon bald internationale Anerkennung: Die Großsiedlung Britz (Hufeisensiedlung) und die Wohnstadt Carl Legien gehören heute zum Weltkulturerbe. Die Waldsiedlung Zehlendorf, »Onkel Toms Hütte«, soll in diesem Jahr nachnominiert werden.

Rudolf Hilferding hat damals den Anstoß zur Finanzierung dieser klassischen Moderne in Deutschland gegeben, die wir als »Neues Bauen« bezeichnen.

---

7   Georg Berhard: Wie es kam. In Vossische Zeitung, Nr. 469, A 198, vom 04.10.1923, Morgenausgabe, Seiten 1+2 und Die Drahtzieher, Vossische Zeitung, Nr. 479, B 233, vom 04.10.1923, Abendausgabe, Seite 2

8   Der Hintergrund – Die Haltung des Zentrums. In: Vossische Zeitung Nr. 471, A 199, vom 05.10.1923, Abendausgabe, Seite 2

9   Die Kabinettsbildung abgeschlossen – Heute Regierungserklärung im Reichstag. In: Vossische Zeitung Nr. 471, A 199, vom 05.10.1923, Abendausgabe, Seite 1

10 Neues Koalitionskabinett Stresemann? Die Sozialdemokraten nehmen die Verhandlungen wieder auf. In: Berliner Börsen-Zeitung, 69. Jg., Nr. 463, vom 05.10.1923, Abendausgabe, Seite 1

11 Martin Schumacher (Hrsg.): *Die Reichstagsabgeordneten der Weimarer Republik in der Zeit des Nationalsozialismus. Politische Verfolgung, Emigration und Ausbürgerung, 1933–1945. Eine biographische Dokumentation.* 3., erheblich erweiterte und überarbeitete Auflage, Droste Verlag, Düsseldorf 1994

12 Hans Luther: Die Hohlraumtheorie – Abgabe für Mieter in Altbauten und deren Besitzer auf schrittweise Angleichung an Friedensmieten, Nov. 1923

13 Bundeshaus des ADGB. In: Wasmuths Monatshefte für Baukunst, Ausgabe 8, Heft 5/6, 1924, Seite 163–174

Steffen Adam

Albert Kohn –
Die Erfindung des gesunden Wohnens

Um 1900 wurden die hygienischen Grundsätze für den Wohnungsbau der klassischen Moderne gesetzt.
Erschienen am 2. März 2024 in ND Die Woche, Nr. 53, Mikroskop, Seiten 17 & 20–21

Jede Wohnung soll mit Bad und WC, Balkon, Loggia oder Terrasse ausgestattet sein. Jede Wohnung soll Licht und Luft von beiden Seiten des Wohnhauses erhalten. Dieser Anspruch an Hygiene und Gesundheitsförderung, der bei jedem architektonischen Entwurf von Wohnhäusern zu beachten sei, wurde von den berühmtesten Architekten zu Beginn des 20. Jahrhunderts begeistert aufgenommen und verwirklicht: Ernst May[1] mit dem Neuen Frankfurt, Fritz Schumacher[2] mit seinen Siedlungen in Hamburg, Gustav Oelsner[3] in Altona, Walter Gropius und Hannes Meyer[4] in Dessau, Ludwig Mies van der Rohe, Le Corbusier und vor allem Martin Wagner und Bruno Taut mit der Gemeinnützigen Heimstätten AG (GEHAG) in Berlin. Die Siedlungen der Berliner Moderne sind wegen ihrer Qualitäten seit 2008 ins Weltkulturerbe der UNESCO aufgenommen.

Wohnungen, die die Gesundheit der Bevölkerung erhalten, sind heute dank des Wirkens der AOK und Albert Kohns, ihres einflussreichen Direktors von 1914 bis 1925, die Regel. Über das zweite Anliegen des »Neuen Bauens« – die Anzahl benötigter, bezahlbarer, vielleicht auch wieder gemeinnütziger Wohnungen zu erhöhen – wird weiterhin munter gestritten. Gegenwärtig wird die Zahl von 400 000 jährlich zu errichtender Wohnungen herbeigewünscht. Das Bündnis »Soziales Wohnen« bezifferte am 16. Januar 2024 den Fehlbestand auf 910 000 Wohnungen. Selbst im späten Kaiserreich fehlten nur 700 000 Wohnungen. Und im Jahr 1926 errichteten allein die freien Bauhütten, die GAGFAH (Gemeinnützige Aktien-Gesellschaft für Angestellten-Heimstätten), die GEHAG, die freien Baugenossenschaften und andere sogar 270 000 neue Wohnungen – mehr als während des sogenannten Wirtschaftswunders der jungen Bundesrepublik.

1 Jung, K.C.; Worbs, D.; Schütte-Lihotzky, Margarete; u.a.: Lebenslang für die »große Sache«: Ernst May 27. Juli 1886 bis 11. September 1970. In: Bauwelt. Nr. 28/1986, S. 1050–1075
2 Schädel, Dieter (Hrsg.): Reform der Großstadtkultur. Das Lebenswerk Fritz Schumachers (1869–1947). Dokumentation zur gleichnamigen Ausstellung im Kunsthaus Hamburg. Sautter und Lackmann, Hamburg 2013, ISBN 978-3-88920-069-3
3 Timm, Christoph: Gustav Oelsner und das Neue Altona. Kommunale Architektur und Stadtplanung in der Weimarer Republik. Ernst Kabel, Hamburg 1984, ISBN 3-921909-27-9
4 Merten, B.: Der spezifische Beitrag Hannes Meyers zum Bauhaus. Magisterarbeit. Rheinische Friedrich-Wilhelm-Universität, Bonn 2005

Foto dem Original der Wohnungsenquete von 1912 entnommen. Albert Kohn hatte den Fotografen Heinrich Lichte beauftragt, die wissenschaftlich-medizinischen Erhebungen u. a. Dr. Blaschko, Dr. Kollwitz durch eine jährliche Fotodokumentation zu ergänzen.

Bautechnische Katastrophe

Bereits zehn Jahre vor diesem Bauhöchststand erklärte das Zentralorgan der AOK, die Zeitschrift »Ortskrankenkasse«, es sei »Aufgabe der Krankenkassen, Öffentlichkeitsarbeit und Gewährung von finanziellen Beihilfen an Siedlungsunternehmen und Siedler zu gewähren, sowie Zinsgarantien zu erteilen«[5], um so den Bau gesundheitsfördernder Wohnungen zu ermöglichen. Im gleichen Sinn äußert sich Direktor Albert Kohn auf der Krankenkassenkonferenz im November 1916 in der neuen Philharmonie in Berlin[6].

Zu den damals bestehenden Wohnungen der Kaiserzeit erklärte der Zeichner und Maler Heinrich Zille sinngemäß: »Man kann mit einer Wohnung einen Menschen genauso erschlagen wie mit einer Axt.«[7] Denn bautechnisch bewirkte das Tempo der Gründerjahre[8], dass überwiegend mit zu nassem Kalkmörtel und zu hastig gebaut

5   Becken, Jörg: AOK Berlin: von der Ortskrankenkasse zur Gesundheitskasse – ein Stück gelebte Sozialgeschichte. 1. Auflage. bebra wissenschaft, Berlin 2008, ISBN 978-3-937233-49-9, S. 27
6   Die künftige Gestaltung der vorbeugenden Tätigkeit der Krankenkassen: in Vorwärts – Berliner Volksblatt, Dienstag 28.11.1916, Nr.327, 33Jg., S6
7   Sinngemäß zitiert
8   Gemälde »Tempo der Gründerjahre« von Friedrich Kaiser, entstanden 1865 oder 1875, siehe auch Dominik Bartmann: Tempo der Gründerzeit (Exponatbeitrag). In: Max Hollein/ Vittorio Mag-

wurde: Es schimmelten die Wohnungen, ja das ganze Haus. Dann fiel der Putz von den Wänden. Sammeltoiletten auf den lichtlosen Hinterhöfen oder auf der halben Treppe waren Standard. Alte Fotos, etwa von Heinrich Zille, zeigen weitläufig wahrhaft schreckliche Zustände. In dem berühmten Buch »Das steinerne Berlin« von Werner Hegemann[9] zur »Geschichte der größten Mietskasernenstadt der Welt« werden diese Zustände noch 1930 festgestellt. Ähnlich mangelhafte Verhältnisse beklagt man in Hamburg mit den Gebäudetypen Schlitz-[10] und Terrassenhäuser[11]. Dort ist der Abstand zum Nachbarn nach Bauordnung der Hansestadt von stellenweise nur zwei Metern zulässig! Dass heute diese Altbauten als begehrte Immobilien zum Wohnen, Arbeiten und als gastronomische Areale gehandelt werden, liegt an verschiedenen strukturellen Vorzügen. Hygienisch sind diese Gebäude aber erst durch die über hundert Jahre währende Austrocknung, Kriegsschädenbeseitigung, Instandsetzungen und etliche Grundsanierungen geworden.

Neben die bautechnische Katastrophe tritt eine wirtschaftlich-soziale Notlage: Nahrungsmittel kosteten das Gros der Bevölkerung zur Jahrhundertwende etwa die Hälfte ihres Einkommens[12]. Die Höhe üblicher Mieten entsprach diesem Preisniveau. Es war daher naheliegend, zusammenzurücken, um Zimmer untervermieten zu können. Selbst Betten wurden freiwillig an Schlafgänger vermietet. Eine bekannte Grafik der GEHAG-Nachrichten stellte um 1930 fest, dass die Belegungsdichte von Häusern gleicher Größe in London acht, in New York 20, in Wien 50, in Berlin jedoch 76 Menschen betrug – »freiwillig«[13], notgedrungen!

Krank durch Wohnverhältnisse

Den Allgemeinen Ortskrankenkassen konnte aus ihren internen Statistiken nicht entgehen, dass viele der Versicherungsfälle wie chronische Bronchitis, Lungenentzündungen, Tuberkulose oder auch Ruhr und Cholera den vorherrschenden Wohnverhältnissen geschuldet waren. Dazu traten Meldungen der Ärzteschaft und Krankenhäuser, die jede nachhaltige Gesundung ihrer Patienten gefährdet sahen, sobald diese wieder in ihren Wohnungen wären.

nago Lampugnani/ Karin Sagner/ Matthias Ulrich (Hrsg.): Die Eroberung der Straße. Von Monet bis Grosz, München 2006, S. 48

9   Hegemann, Werner: Das steinerne Berlin. 1930, Geschichte der größten Mietkasernenstadt der Welt (Bauwelt-Fundamente; 3). Vieweg, Braunschweig 1988, ISBN 3-528-18603-8
10 Funke, Hermann: Zur Geschichte des Miethauses in Hamburg. Hamburg, Christians Verlag, 1974. S. 50 ff. ISBN 3767202697
11 Haspel, Prof. Dr. Jörg: Hamburger Hinterhäuser: Terrassen – Passagen – Wohnhöfe. Christians Verlag, Hamburg 1987, ISBN 3-7672-9968-2
12 Hafner, Thomas: Kollektive Wohnreformen im deutschen Kaiserreich 1871–1918 – Anspruch und Wirklichkeit, Städtebauliches Institut im Fachbereich der Universität Stuttgart 1988, Seite 51–54
13 Durchschnittliche Belegungsdichte von Wohnhäusern in westlichen Großstädten, aus: GEHAG-Nachrichten I2

Albert Kohn, Direktor der AOK.

Albert Kohn gründete im Zuge dieser Erkenntnisse 1893 zunächst die »Arbeiter-Sanitäts-Commission« (ASC). Diese Kommission wurde durch die Sozialdemokratische Partei getragen und von linken Gewerkschaften unterstützt. Für die Bestandsaufnahme verpflichtete Albert Kohn die Armenärzte Dr. Alfred Blaschke, Dr. Paul Christeller, Dr. Karl Kollwitz – Ehemann der Grafikerin Käthe Kollwitz –, Dr. Rafael Friedberg, Dr. O. Kayserling und andere. Das Ergebnis war niederschmetternd. Ein Drittel bis die Hälfte aller Krankheiten konnten direkt mit den Wohnverhältnissen der Arbeiterschaft in Verbindung gebracht werden.

Um aber auch gegenüber Behörden und Verwaltung auf der einen und den Lobbyisten der gewinnorientierten Privatwirtschaft, den Haus- und Immobilienbesitzern, auf der anderen Seite den systematisch wissenschaftlichen Nachweis zu erbringen, erweiterte Albert Kohn die »Arbeiter-Sanitäts-Commission« zur Berliner Wohnungsenquete. Ab 1902 erschien jährlich ein Berichtsband[14] mit exakten statistischen Auswertungen angetroffener Mieter, Beschreibung der Wohnungen und Fotos des Ateliers Heinrich Lichte und Co. Diese Fotos bilden noch heute die Grundlage jeder Publikation über das Wohnungselend der späten Kaiserzeit, Kriegszeit und frühen Weimarer Republik[15].

Allerdings mussten sich die Allgemeinen Ortskrankenkassen auf individuelle Wohnungskontrollen und Inspektionen beschränken, da es zu dieser Zeit keine rechtlichen Grundlagen für staatliches Eingreifen der Gesundheitsbehörden oder der Wohnungsaufsicht gab[16]. Dennoch erreichten die Berichte der Wohnungsenquete die gebildete

---

14 Kohn, Albert (Hrsg.): Unsere Wohnungs-Enquête im Jahre … Ortskrankenkasse für den Gewerbebetrieb der Kaufleute, Handelsleute und Apotheker, Berlin 1902–1913

15 Eberstadt, Prof. Rudolf: Neuere Literatur über Städtebau und Wohnungswesen. In: Theodor Goecke (Hrsg.): Der Städtebau. Literatur-Bericht, Nr. 3. Ernst Wasmuth A.-G., Berlin März 1913, S. 6

16 Wohnungsuntersuchungen der Allgemeinen Ortskrankenkassen in den Jahren 1915 und 1916. In: Schultze, Friedrich; Meyer, Gustav (Hrsg.): Zentralblatt der Bauverwaltung. 1917-11-21 Auflage. 37. Jg., Nr. 94. herausgegeben im Ministerium der öffentlichen Arbeiten, Berlin, S. 567

Öffentlichkeit und politischen Entscheidungsträger. Die Berichte wirkten aber auch in die Allgemeinen Ortskrankenkassen hinein, die 1904 beschlossen, eine durchgreifende Wohnungsreform von der Stadt Berlin und vom Staat einzufordern[17]. Parallel setzte sich innerhalb der AOK die Idee durch, die Ortskrankenkassen müssten selbst auch gesunden Wohnraum schaffen.

»Ideale« Bauvorhaben

Die Allgemeine Ortskrankenkasse Rixdorf, heute Bezirk Neukölln von Berlin, hatte 1905 von einem Gönner ein großes Grundstück kaum zwei Gehminuten vom Amtsgericht und Rathaus äußerst günstig erwerben können. Für die geplante Niederlassung war es zu groß, sodass sich gesunder, vorbildlicher, »idealer« Wohnungsbau zu beiden Seiten geradezu aufdrängte[18]. Albert Kohn unterstützte das Vorhaben nach Planung der Architekten Willy und Paul Kind. Man reichte den Bauantrag ein und fiel aus allen Wolken als dieser vom Bauamt Rixdorf abgelehnt wurde. Die Administration verbot der AOK schlicht, Wohnungsbau aus ihren Mitteln zu betreiben. Ein Tipp eines Finanzbeamten ermöglichte den Bau der »Idealpassage« schließlich doch. Bis heute lassen sich die Bauten zwischen der Berliner Fuldastraße 55–56 und Weichselstraße 8 noch ansehen. Die AOK-Rixdorf gründete unter personeller Beteiligung die Rixdorfer Baugenossenschaft »Ideal« eG.

Albert Kohn hatte den Ortskrankenkassen eine weitere Bauaufgabe aufgegeben: Am 21. Dezember 1907 eröffnete die AOK ihre erste Lungenheilstätte in Müllrose bei Frankfurt an der Oder nach Entwürfen der Architekten Paul Hakenholz und Paul Brandes[19]. 1907 bis 1908 ermöglichte die Ortskrankenkasse der Buchbinder als Darlehensgeber der Arbeiterbaugenossenschaft Paradies in Bohnsdorf den behördlich geforderten Bau der Erschließungsstraße (heute Paradiesstraße). Nur durch diesen öffentlichen Straßenbau wurde es der Genossenschaft erlaubt, zwei weitere Geschosswohnungsbauten mit zusammen 24 Wohnungen zu errichten. Weitere Förderung zu Erweiterungen der Arbeiterbaugenossenschaft Paradies in Bohnsdorf folgten.

Albert Kohn war mittlerweile der Deutschen Gartenstadt-Gesellschaft beigetreten. Diese Gesellschaft propagierte den damals fortschrittlichsten Wohnungsbau auf der Grundlage der Gartenstadtidee von Sir Ebenezer Howard. Die Gesellschaft lud 1911 Albert Kohn zu einer »sozialen« Studienreise nach England ein, um die spektakulärsten Mustersiedlungen Letchwood Gardencity und Welwyn Gardencity bei London

---

17 Siehe auch: Gegen die Verschlechterung der Bauordnung. In: Friedenauer Lokal-Anzeiger. 16. Jg., Nr. 287. Verlag von Leo Schultz, Friedenau 7. Dezember 1909, S. 2

18 Ideale einer 100-Jährigen: gemeinsam sicher wohnen; Chronik zum 100-jährigen Bestehen der Baugenossenschaft Ideal, gemeinnütziges Wohnungsunternehmen eG; 1907–2007/[Konzept und Texte: Rauch, Wolfram], Berlin: Print & Medienagentur Heuer, 2007

19 Entwicklungsgesellschaft für Gesundheit und Soziales mbH (Hrsg.), Selenz, Wilfried: Von der Lungenheilstätte Müllrose 1907 zum Gut Zeisigberg 2007. Müllrose 2007, ISBN 978-3-9810282-5-6

sowie Port Sunlight bei Liverpool vor Ort zu studieren. Aus dieser Reise resultierte die Beteiligung der AOK an der Gründung der Gemeinnützigen Baugenossenschaft Groß-Berlin. Zu den zentralen Gründungsmitgliedern gehörte die AOK mit Albert Kohn, sowie Adolf Otto, Robert Tautz, die Brüder Paul und Bernhard Kampffmeyer. Ziel dieser Baugenossenschaft war es, eine vorbildliche Gartenstadt in Berlin zu errichten. Der nahe S-Bahnhof Berlin-Grünau sorgte dabei für die Anbindung an die Innenstadt, wie es Howard für Gartenstädte gefordert hatte. In Grünau entstand nach Plänen des Architekten Bruno Taut die berühmte Tuschkastensiedlung, heute Weltkulturerbe.

Das Wohnproblem ist nicht gelöst

Bei der Novellierung der Reichsversicherungsordnung wurden dann die rechtlichen Grundlagen für die Beteiligung der Allgemeinen Ortskrankenkassen als »Maßnahmen allgemeiner Art zur Verhütung von Krankheiten der Kassenmitglieder« geschaffen. »Die Sorge für gesunde Wohnungen sind die logische Konsequenz der Arbeiterversicherung«, schreibt die Zeitung »Die Ortskrankenkasse«. Nach dem vierten Paragrafen des Preußischen Wohnungsgesetzes vom 28. März 1918 sollten die Krankenkassen Einfluss auf Bebauungspläne und Bauordnungen nehmen. Ebenso wurde die Zusammenarbeit mit der Wohnungsaufsicht geregelt.

Als dann am 14. April 1924 die Gemeinnützigen Heimstätten AG (GEHAG) im Bundeshaus des Allgemeinen Deutschen Gewerkschaftsbunds (ADGB) gegründet wurde, war es der Allgemeinen Ortskrankenkasse selbstverständlich, zu den Gründungsaktionären zu gehören.

Neben der AOK standen die beiden großen Gewerkschaften ADGB und der AfA-Bund, der Allgemeine Deutsche Beamtenbund sowie Gewerkschaften aus dem Bereich Druck und Papier und der deutsche Bauarbeiterverband. Dazu traten die Baugenossenschaften, Freie Scholle Tegel, Ideal, der Wohnungsbauverein Neukölln, der Berliner Spar- und Bauverein von 1892 und die Arbeiterbaugenossenschaft Paradies. August Ellinger vertrat den Verband sozialer Baubetriebe. Die Stadt Berlin war mit ihrer Wohnungsfürsorgegesellschaft vertreten. Die Arbeiter- und Beamtenbank, die Rentenversicherung Volksfürsorge und die Konsum-Genossenschaft Berlin und Umgegend wurden zu befreundeten Unternehmungen der GEHAG. Diese breit in der Gesellschaft verankerte, wirtschaftliche Unternehmung der Arbeiterbewegung ist jetzt 100 Jahre alt.

Steffen Adam

Anmerkungen zur Baukonstruktion der klassischen Moderne

Der Artikel wurde unter dem Titel »Anmerkungen zur Baukonstruktion der klassischen Moderne anlässlich der Gründung der Gemeinnützigen Heimstätten AG (GEHAG) vor 100 Jahren« in der Zeitung »Die Bauphysik«, Nr. 46, Verlag Ernst & Sohn, Berlin 2024 veröffentlicht.

Einleitung

Unter dem Begriff Neues Bauen[1] oder Moderne entstand ab etwa 1920 in ganz Europa, ja weltweit, vorbildlicher neuer Wohnungsbau für breite Bevölkerungsschichten. Je nach gesellschaftlichen, politischen oder wirtschaftlichen Voraussetzungen setzte sich diese besondere Errichtung von hygienischen [2] und bezahlbaren Wohnungen in den 30er, 40er und 50er Jahren des 20. Jahrhunderts fort. In einigen Ländern ist sie noch heute en vogue: in Skandinavien, im Wiener Gemeindebau [3] oder in den Wohnhäusern des Basler Arbeitsrappen [4].

Angesichts der allein heute in Deutschland fehlenden 900.000 Wohnungen [5, S. 21] stellt sich die Frage, wie es denn sein konnte, dass trotz Erstem Weltkrieg, Hyperinflation, Weltwirtschaftskrise und Nationalsozialismus in Deutschland derart quantitativer und qualitativer Wohnungsbau möglich war, der heute – in Berlin – zum Welterbe der UNESCO zählt [6].

Anlässlich des 100. Jahrestages der Gründung der GEHAG am 14. April 1924 durch den Gewerkschafter August Ellinger und den Stadtbaurat Dr. Martin Wagner [7, S. 11] richteten der Architekten- und Ingenieurverein zu Berlin-Brandenburg e.V. (AIV) und das August Bebel Institut (ABI) diese Frage in einer Tagung [8] an das Bundesbauministerium, die Berliner Senatsverwaltung, die Baugenossenschaften der Gewerkschaften der (Bau-) Wirtschaft [9], das (Bau-) Recht [10] und die Baukonzeption [11]. Die Struktur der GEHAG im Jahr 2031 zeigt die Abbildung auf S. 43.

Nach 100 Jahren führte diese Tagung Vertreterinnen und Vertreter aller Gründungsaktionäre, befreundete Betriebe und spätere Anteilseigner (1952 bis ca. 1980)

---

1   Neues Bauen ist ein architekturgeschichtlicher Stilbegriff für die formal und technisch fortschrittliche Architektur nach dem Ersten Weltkrieg. Eine Ausstellung vom Mai 1920 des »Arbeitsrates für Kunst« in Berlin, ein Zusammenschluss wegweisender Architekten, mit dem Titel »Neues Bauen« machte den Begriff öffentlich; siehe auch [1].

August Ellinger (1880–1933), Geschäftsführer Verband sozialer Baubetriebe GmbH; 1930,

Dr. Martin Wagner (1885–1957) Architekt.

noch einmal im Gründungshaus der GEHAG, dem Gewerkschaftshaus (s. Abb. S. 10) in Berlin-Mitte, 1922 von Max Taut entworfen, zusammen [12].

Die Politik legt uns aktuell die Frage vor, ob für guten genossenschaftlichen oder auch sozialen Wohnungsbau die qualitativen Anforderungen gesenkt werden müssten. Da ist von »Überregulierung« und »Luxusanforderungen« die Rede. Da sollen »überflüssige« DIN-Normen einkassiert oder zumindest deren Vernachlässigung gestattet werden, falls die somit erreichte Senkung des Baupreises die Problematik der Gewährleistung auf den Plan rufen könnte.

Stellen wir also die Frage nach der Baukonstruktion des Neuen Bauens – und was davon heute und in Zukunft als Vorbild dienen könnte.

Die Baukonstruktion einer Gebäudeart auf eine Epoche hin betrachtet, hängt im Wesentlichen von den verwendeten Baustoffen und der Art ihrer Verwendung in der konstruktiven Konzeption ab. Klimatische, regionale Unterschiede und Ausrichtung der Gebäude können hier gleichgesetzt werden.

Der Baustoff der klassischen Moderne 1: Kunststein

Der Wohnungsbau der klassischen Moderne wurde überwiegend als Ziegelbau errichtet. Diese »gewöhnlichen« Ziegel [13, S. 44f.], seit 1872 im Reichsformat[2], waren zunächst Vollsteine der Qualität Backstein oder Hintermauerstein. Ihr Gewicht im

---

2   Dieses Ziegelformat geht auf einen Vorschlag des Berliner Baumeisters Adolf Lämmerhirt im Jahr 1869 zurück. Ziegel in den Maßen (250 × 120 × 65) mm wurden durch den Preußischen Minister für Handel, Gewerbe und öffentliche Arbeiten, Graf von Itzenplitz, als Reichsnorm eingeführt. Die Norm, veröffentlicht im Circular-Erlaß vom 13. October 1870, das Normal-Format der Mauerziegel betreffend, trat nach einer Übergangszeit am 01.01.1872 für »alle gewöhnlichen Staatsbauten« in Kraft. Veröffentlicht in den Amtsblättern der Regionalregierungen, so z. B. [14], [15], [16].im »Amtsblatt der Königlichen Regierung zu Erfurt«, Stück 52, vom 19.11.1870, Seite 261, oder im »Amtsblatt der Königlichen Regierung zu Potsdam und der Stadt Berlin«, Stück 5, vom 3.2.1871, Seite 42, sowie in der »Zeitschrift für Bauwesen«, herausgegeben unter Mitwirkung der Königlichen Bau-Deputation und des Architekten-Vereins zu Berlin. Jahrgang XXI, Verlag von Ernst & Korn, Berlin 1871, Heft 1, Seite 3/4.

Fritz Paeplow (1860–1834), Vorsitzen der Deutscher Baugewerksbundes.

Reichsformat betrug etwa 3,3 kg [17, S. 5]. Diese wurden industriell in Ringöfen produziert und waren planbar maßhaltig. Daneben kommen für Innenwände »poröse Steine« mit Zuschlag von Sägespänen, Lohe oder Torfmull zum Einsatz – Vorläufer der heutigen Porenziegel. Für Außenbereiche und bei besonderen Anforderungen nahm man Klinker oder Verblendsteine mit quadratischen oder kreisrunden Röhren im Inneren.

Hohlziegel, gebrannte Mauersteine mit inneren Hohlräumen zur Gewichtsreduzierung und Wärmedämmung kommen darauf aufbauend in den 1920er Jahren auf, als nun auch Druckfestigkeiten von 100 bzw. 150 kg/cm² nach DIN 105 angegeben werden, Hartbrandziegel mit 250 kg/cm² und Klinker mit 350 kg/m² [18, S. 7–8].

Für die Kellerdecken sowie für Decken unter Küchen und Sanitärräumen verwendete man gerne auch hohle Sondersteine aus gebranntem Ton, Hourdis, oder ungebrannte Hohlblocksteine aus Bimskies.

Die Baukonstruktion der Klassischen Moderne 1: Mauerwerksbau

Fritz Paeplow Vorsitzender des Deutschen Baugewerkbundes (heute IG BAU) und Gründungsaktionär der GEHAG, setzte bis 1933 durch, dass alle GEHAG-Bauten überwiegend in althergebrachtem Mauerwerk zu errichten seien, egal was sich die Architekten wie Martin Wagner und Bruno Taut sonst noch ausdächten [19, S. 5].

Optisch durfte es modern sein – konstruktiv war es »altbacken«: Für die Geschosswohnungsbauten mit zwei, drei oder vier Etagen wurde das Kellermauerwerk 51 cm dick ausgeführt, die Außenwände für die Wohngeschosse mit 38 cm und für die Dachgeschosse mit 25 cm Wanddicke [20]. Diese Wanddicken übertrafen die statische Notwendigkeit. Man glaubte, damit dem Wärmeschutz Genüge getan zu haben. Die Außenwände erhielten außen einen durchgefärbten Maden- oder gestrichenen Glattputz mit mineralischem Bindemittel (Silikat) [21, S. 33–47]. Dadurch waren diese Wände diffusionsoffen; »atmungsaktiv«, wie der Laie sagt. Mit ihrem massiven Mauerwerk waren diese Wände schwer genug, um einen hinreichenden Schallschutz von außen nach innen zu gewährleisten. Die Wohnungen untereinander waren nur mäßig gegen nachbarlichen Schall geschützt.

Die hier für die GEHAG beschriebene Außenwandkonstruktion findet sich in etwa auch im Neuen Frankfurt von Ernst May [22, Heft 2, Dez. 1926, S. 33–39.] mit der Frankfurter Küche [23] von Margarete Schütte-Lihotzky u.a. wieder. Lediglich Fritz Schumacher in Hamburg gab für alle gemeinnützigen Wohnbauten Klinkersichtfassaden vor, um konservativen Architekten die Moderne schmackhaft zu machen. Offenbar konnte es sich die reiche Hansestadt leisten. Bauphysikalisch bewirkte der hanseatische Sonderweg keinen Unterschied.

In Dessau-Törten entschied sich Walter Gropius bei den tragenden Brandwänden senkrecht zur Front für wärmeisolierende »Schlackebetonhohlkörper« von 22½, 25 und 50 cm Dicke, einer Größe, »die ein Mann versetzen kann« [24]. Alle anderen Wände waren nichttragend. Der Aufbau wurde per Kran unterstützt, sodass alle drei Tage zwei Rohbauten erstellt werden konnten. Um die Decken nach dem System Betonrapiddecken[3] trocken, von Brandwand zu Brandwand spannend, zu verlegen, bedurfte es nur einer ¾ Stunde. Gegen aufsteigende Erdfeuchte im nicht unterkellerten Teil des Erdgeschosses wurde auf einer 6 cm dicken Betonplatte eine Hohlstein-Ziegelschicht verlegt, die durch ihre zahlreichen stehenden Lufträume isolierend wirkten. Auf eine ausgleichende Zementschicht von einem cm ordnete man als Belag einen fugenlosen Steinholzfußboden an. Die schlüsselfertigen Reihenhäuser von 70 m² Nutzfläche kosteten 1927 mit Grundstück von 450 m² rund 8300 RM (Reichsmark).

Hannes Meyer hingegen kehrte bei seinen berühmten Laubenganghäusern in Törten zur klassischen Ziegelbauweise zurück, ließ sie aber unverputzt [26, S. 308–310]. Für Decken waren, bedingt durch die Abmessungen der Steine, Träger erforderlich, wie man sie schon von der Preußischen Kappendecke aus der Kaiserzeit her kannte. Bei einigen Bauvorhaben wurden schon Eisenbetonträger verwendet. Bei der Kleineschen Steineisendecke, verwendet beispielsweise in der Waldsiedlung Zehlendorf, Onkel Toms Hütte, handelt es sich um eine mit Moniereisen bewehrte Decke aus Hohlbocksteinen. In der Großsiedlung Britz, Hufeisensiedlung, verwendete man Flachdecken nach dem System Sperle. Auf diese Decken konnten Ausgleichs- oder Verstärkungsschichten aus Schlackenbeton aufgebracht werden.

Als Bodenbelag setzte die GEHAG in den Feuchträumen Terrazzo, in den Wohnräumen im Erdgeschoss einen Dielenbelag oder Linoleum ein. Auch diese Konstruktionen waren hinreichend schwer bezüglich des Schallschutzes. Alle übrigen Decken der modernen Geschosswohnungsbauten führte man gewöhnlich als Holzbalkendecken aus, wie man sie schon in der Gründerzeit ausgeführt hatte.

---

3   Vorgefertigte Doppel-T-Träger aus Stahlbeton mit stark konischen Flanschen, die auf der Baustelle hergestellt und per Kran versetzt wurden, vgl. [25, Bild 73, Haus Nr. 5-6 Jacobus Johannes Pieter Oud].

Die Dachkonstruktionen der Gropiusbauten in Dessau-Törten hingegen sind aus nebeneinander trocken verlegten Rapidbetonbalken zusammengesetzt. Auf dieser Tragplatte wurde eine Ausgleichsschicht aus Zement mit einem Ceresit-Zusatz[4] aufgebracht. Als Isolierung diente eine 3 cm dicke Korkestrichschicht mit einer Wärmeleitfähigkeit von 0,035 W/m·K.

Der Baustoff der klassischen Moderne 2: Holz

Das Holz der klassischen Moderne im Wohnungsbau, in der Regel preiswertes Nadelholz, unterscheidet sich nicht von dem Bauholz anderer Epochen der Baukunst.

Die Baukonstruktion der Klassischen Moderne 2: Holz

Der wesentliche Unterschied zu früherem Wohnungsbau besteht im Bestreben, den Dachstuhl und die Dachkonstruktion auf das absolute Mindestmaß zu reduzieren. Bei der Gartenstadt Falkenberg, Tuschkastensiedlung [28], [29], [30], verwendete Bruno Taut im ersten Bauabschnitt 1912 noch Hängewerksdächer, [31, S. 74–79] in Verbindung mit [20]. In Deutschland ist dies eine eher selten gewählte Dachkonstruktion, in England eine gebräuchliche. Die ganze Gartenstadtidee von Ebenezer Howard stammte aus dem Vereinigten Königreich [32]. In dem ersten Bauvorhaben der GEHAG, Siedlung am Schillerpark, 1. Bauabschnitt, sind die Dächer schon auf flachgeneigte Pultdächer reduziert, die Dachpfetten laufen über Mittelauflager durch oder werden gestoßen. Dies gilt dann für alle weiteren Geschossbauten. Nur im Einfamilienreihenhausbau glaubte Bruno Taut bei der Planung der ersten Großsiedlung der GEHAG, der Hufeisensiedlung, auf das Steildach mit liegendem Dachstuhl oder Pfettendach nicht verzichten zu können. Bei der nächsten Siedlung, Onkel Toms Hütte, gibt es dann bei allen Gebäudetypen nur noch einfache Pultdächer [33], Abb. 82.

Die Besonderheit der Geschossbauten der klassischen Moderne bestand in der Dachzone. Möglicherweise aus Tradition behielten die Architekten einen regelrechten Dachboden bei. Die Dächer waren als Kaltdach konzipiert. Die Nutzung als Trockenboden mit und ohne Waschküche war marginal. Das brachte keine Miete. Es generierte jedoch einen wertvollen Klimapuffer für alle Wohnungen der obersten Geschosse – und war auch architektonisch als Gebäudeabschluss wichtig. Überlegungen zur Rentabilität folgend wurde dieser Dachraum in der späteren Moderne immer mehr reduziert. Es gab dann bei einigen Siedlungen oder Siedlungsteilen nur noch Kriech-

---

4 1908 entwickelte der promovierte Chemiker Paul Mecke für die Wunnersche Bitumenwerke GmbH das Dichtungsmittel Ceresit, dem unter der Nummer 200968 ein weltweites Patent erteilt wurde. Mecke wurde technischer Direktor des Unternehmens und erhielt in den 1920er Jahren einige weitere Patente, u. a. betreffend Verfahren zur Herstellung einer wetterfesten, waschbaren Kalkanstrichfarbe, Verfahren zur Herstellung haltbarer Ölemulsionen für Anstriche und zur Bereitung von Ölfarben, Verfahren zur Herstellung eines wasserdichten Kellen-Spritzputzes, Verfahren zur Herstellung eines wasserdichten Zements oder Kalks und Verfahren zur Beschleunigung der Erhärtung von Zement. Siehe auch [27].

Ernst Georg May (1886–1970), Architekt, Stadtplaner; Siedlungsdezernent der Stadt Frankfurt 1925–1930.

Walter Gropius (1883–1969), Architekt, Architekt und Gründer des Bauhauses.

Friedrich Wilhelm (Fritz) Schumacher (1869–1947), Architekt, Stadtplaner, Hochschullehrer; Oberbaudirektor Hamburg 1909–1933.

Bruno Taut (1880–1938.

räume. In der Nachkriegsmoderne wird auf den Dachraum vollkommen verzichtet. Das Dach ist nun Warmdach – mit allen bauphysikalischen Nachteilen für das Gebäude.

Der Baustoff der klassischen Moderne 3: Beton

Es mag – nein: es sollte! – verwundern, dass Beton bei den Baustoffen im gemeinnützigen Massenwohnungsbau der klassischen Moderne den dritten Rang einnimmt. Moniers Patente auf Eisenbeton stammen von 1869 [34]. François Hennebique baut zur Jahrhundertwende die ersten Wohngebäude aus Stahlbeton [35, S. 86–97]. Die Firma Wayss & Freytag kauft 1885 die Patente für Deutschland [36]. Doch im Wohnungsbau kam diese Bautechnik erst durch die Bemühungen der Reichsforschungsgesellschaft für Wirtschaftlichkeit im Bau- und Wohnungswesen (RFG) ab 1927 an [37]. Marie-Elisabeth Lüders konnte die bedeutendsten Architekten der Moderne, Walter Gropius, Ernst May, Fritz Schumacher, Martin Wagner, Max Taut und Bruno Taut und viele andere,

Marie-Elisabeth Lüders (1878–1966), Politikerin und Frauenrechtlerin; Abgeordnete der DDP im Reichstag 1919–1921 und 1924–1930.

mit staatlicher Förderung überzeugen, ihre Arbeiten wissenschaftlich zu untersuchen. Die Weißenhofsiedlung in Stuttgart ist das berühmteste Beispiel [38]. Der Abschlussbericht – gerade in Bezug auf Baumängel – ist heute noch lesenswert [39].

Die Baukonstruktion der Klassischen Moderne 2: Betonbau

Wider Erwarten – aus heutiger Sicht (und der der GEHAG) – waren es nun nicht die progressiven, linken Baugesellschaften, die für Deutschland neue Baukonstruktionen im Bauwesen umsetzten, sondern die als konservativ geltende und um traditionelles Aussehen ihrer Wohnbauten besorgte Gemeinnützige Aktien-Gesellschaft für Angestellten-Heimstätten (GAGfAH) [40]. Sie setzte, zuerst in Merseburg, dann bei der Erweiterung der Waldsiedlung in Berlin-Zehlendorf, praktisch monolithisch gegossenen Stahlbeton ein. Dabei kamen schon Systemschalungen aus Holz zum Einsatz. Die für das Gießen notwendigen Baugeräte, Portalkräne, hatte man ebenfalls aus Holz konstruiert. Wahrscheinlich war die GAGFAH an die Allgemeine Häuserbau-Actien-Gesellschaft (AHAG) von Adolf Sommerfeld herangetreten, die ihr den Baustreifen »Am Fischtal« überließ. Walter Gropius hatte 1928 im Fischtalgrund unter Leitung von Heinrich Tessenow und mit dem Design von László Moholy-Nagy die Ausstellung »Bauen und Wohnen« etabliert. Das Deutsche Steildach der GAGfAH trat gegen das Flachdach der GEHAG an: der Zehlendorfer Dächerkrieg war entbrannt.

Für die ab 1930 errichteten Geschossbauten der GAGfAH konstruierte Sommerfeld die Portalkräne sogar beweglich, Abb. 85. Ein Foto aus der Deutschen Bauzeitung vom 03.12.1930, Anhang St, Nr. 18, Seite 130 zeigt den Portalkran, der über dem zu errichtenden Baublock hin und her bewegt wird und dabei lagenweise den Beton schüttet. Es erzeugt aus heutiger Sicht den Eindruck eines 3D-Druckers. Um bei den Kammbauten die Bäume des Grunewalds zu schützen, entwickelte Sommerfeld ein Großgerät mit beweglichen Förderbändern: das sogenannte »Bauschiff« [41, S. 153ff.], Abb. 86.

Was bedeutete nun die Verwendung von massivem, gegossenem Beton für die Bauphysik? Das wesentliche Problem dieser Gebäude war die Baufeuchte, die den Nutzern

Portalkran zum Betonieren in Systemschalung, Projekt Merseburg der GAGfAH.

Beweglicher Portalkran über dem zu errichtenden Baublock in der Argentinischen Allee zwischen Siebenendenweg (links unten) und Onkel-Tom-Straße (rechts oben), Projekt Waldsiedlung Zehlendorf der GAGfAH.

Das »Bauschiff« zum Schutz der Bäume während der Bauausführung, Projekt Waldsiedlung Zehlendorf der GAGfAH, Bauteil Kammbebauung.

Waldsiedlung Zehlendorf oder Onkel Toms Hütte.

Splanemann-Siedlung Bauphase 1, Planung Martin Wagner für den Reichsbund der Kriegsbeschädigten, Kriegsteilnehmer und Kriegerhinterbliebenen, Berlin-Friedrichsfelde.

sehr lange erhalten blieb – heute sind die Häuser selbstverständlich trocken. Die Wanddicken von etwa 20 cm waren deutlich schlanker als bei den gemauerten Wohnbauten der GEHAG. Der Wärmeschutz war geringer, der Schallschutz höher. Der Brandschutz muss annähernd als gleichwertig angenommen werden. Auch die Bauzeit wird annähernd gleich gewesen sein. Beim Material schlug sicher der Preis für Zement [42] und Stahl verteuernd Buche.

Martin Wagner schlug – ohne die GEHAG – einen anderen Weg ein: 1925 gedachte Wagner der Vorfertigung, die er in den USA kennengelernt hatte – ein wenig schwang immer die Fließbandproduktion von Henry Ford mit – und hoffte auf den Fortschritt der Technik. Es müsse doch möglich sein, in Fabriken unter optimalen Bedingungen für den Stahlbetonbau Fertigteilplatten herzustellen und diese auch vollkommen durchzutrocknen. Dann könnten sie zur Baustelle geschafft und dort per Kran aufgestellt werden. Damit konnte man preiswerte Kleinwohnungen für Kriegsteilnehmer und Hinterbliebene bereitstellen. Der Auftraggeber war der Reichsbund. Die Bauarbeiten wurden durch die »Occident« Deutsche Baugesellschaft mbH ausgeführt [43]. Die Betontafeln konnten wegen ihres Gewichts dann doch nicht in einem externen Betonwerk hergestellt, sondern mussten direkt auf der Baustelle gegossen werden. Die 3 m hohen Standardelemente hatten eine Breite von 7,50 m mit Fenster- und Türöffnungen. Die mit Stahl armierten Platten wurden schichtweise gegossen. Die etwa 7 t schweren Platten wurden mithilfe eines Portalkrans gesetzt, ausgerichtet und montiert. Zwar

Haustyp Kupferkastell, Hirsch Kupfer-und Messingwerke (1929 Entwurf: Robert Krafft, Architekt mit dem Ingenieur Friedrich Förster). Walter Gropius führte ab 1931 mit einem Stecksystem eine wesentliche Verbesserung der Bauteilverbindungen für die Montage der Häuser ein.

wurde mit nur zwölf Plattentypen eine hohe Flexibilität erreicht, trotzdem erfüllte das Projekt nicht die Erwartungen. Die differenzierten Baukörper mit ihren Vor- und Rücksprüngen, die relativ kleinen Hauseinheiten und die unerwartet langen Trocknungszeiten der Bauteile – es waren lediglich 10 Tage angesetzt – verhinderten eine nennenswerte Zeit- und Kostenersparnis. Auch der immer noch notwendige Anteil an Holzkonstruktionen und die zu geringe Stückzahl brachten keine Einsparung gegenüber der traditionellen Bauweise. Größter Kostenfaktor war der Kraneinsatz. Trotzdem gilt das heute unter dem Namen Splanemann-Siedlung bekannte Ensemble als erste Plattenbausiedlung Deutschlands [44], Abb. 87.

Fertigteilbau, Plattenbau oder Modulares Bauen ist heute als Retter in der Not wieder in jeder baupolitischen Diskussion am Platze.

Der Baustoff der klassischen Moderne 3: Eisen und Stahl

1777 wurde in Coalbrookdale, England die erste gusseiserne Brücke [45] der Welt errichtet. Da lebte Friedrich der Große noch! Im 19. Jahrhundert folgten weitere Brücken, Industriebauten, Hallen aller Art und mit den Hochhäusern in Chicago oder dem Flatiron Building [46] in New York rückte die Verwendung von Eisen, Schmiedeeisen und Stahl schon an den Wohnungsbau heran. Das Material, nun in der Bessemer- oder Thomasbirne oder im Siemens-Martin-Ofen erzeugt, ist zug- sowie druckfest und

Laubenganghaus Botanischer Garten, Neuchateller-Str. 19–20; Architekten Anton Brenner, Paul Mebes und Paul Emmerich für den Beamtenwohnverein Neukölln.

steht in ausreichender Menge zur Verfügung [47]. Nachteilig wirkt sich die hohe Korrosionsanfälligkeit aus. Schon im 19. Jahrhundert war die thermische Ausdehnung von Eisen und Stahl ein heißes Thema bei den Militärs. Gustav Heinrich Wiedemann und Rudolph Franz wiesen 1853 die hohe Wärmeleitfähigkeit nach [48]. Dass ein Zusammenhang zwischen Leitfähigkeit und Kondensation besteht, konnte Anfang des 20. Jahrhunderts zumindest angenommen werden.

Die Baukonstruktion der Klassischen Moderne 3: Metallbau

In dieser Zeit wurden verschiedene Konstruktionsweisen entwickelt, Metalle im Wohnungsbau einzusetzen. Walter Gropius entwickelte für die Hirsch Kupfer- und Messingwerke in Eberswalde neue Haustypen, die 1931 den Grand Prix der Internationalen Kolonialausstellung in Paris errangen und auf der Deutschen Bauausstellung in Berlin präsentiert wurden, Abb. 88. Schon 1926/27 hatten Richard Paulick und Georg Muche in Dessau-Törten das Stahlhaus errichtet [49]. Diese Bemühungen waren von dem Gedanken getragen, dass man den Wohnungsbau durch industrielle Vorfertigung als Fließbandfertigung nach Henry Ford preiswerter gestalten könnte.

Das unangefochten berühmteste Bauteil dieser Zeit aber war die Stahl-Glas-Fassade des Bauhausgebäudes in Dessau von Gropius. Die Fassade bestand aus Stahl-Walzprofilen, in die eine Einfachverglasung aus geschliffenem Spiegelglas eingesetzt war. Bei der Einweihung des Bauhauses am 4. Dezember 1926 floss literweise Kondensat. Bei der Konstruktion des Royal Scottisch Museum 1866–1888 in Edinburgh hatten der Architekt Robert Matheson und der Ingenieur Captain Francis Fowke genau aus diesem Grunde die Glashalterung aus Tropenholz gefertigt. Das ist heute natürlich verboten. Die Lösung für Dessau wurde 2010 bis 2016 durch Winfried Brenne Architekten gefunden: Mit neuesten Klebstoffen und Carbon konnte die Firma MHB thermisch getrennte Stahlprofile anbieten.

1927 machte sich der Deutsche Werkbund unter Leitung von Ludwig Mies van der Rohe daran, mit der Ausstellung »Die Wohnung« [50] die Avantgarde des Wohnungswesens vorzuführen. Man hatte für dieses Vorhaben Förderung der Reichsforschungsgesellschaft für Wirtschaftlichkeit im Bau- und Wohnungswesen beantragt und bewilligt bekommen. Dafür mussten selbst die bedeutendsten Architekten Bericht erstatten [39]. Beim Eisenfachwerk von Ludwig Mies van der Rohe, Haus 1-4, hatte der Architekt für die Außenwände eine Halbstein-Ausfachung vorgesehen. Davor wurden außen durchgehend 4 cm dicke Torfplatten angeordnet und mit einem Putzträger versehen. Ein Jahr nach Fertigstellung zeigten sich auf der Außenwand Risse, die auf die Längenänderung der Stahlstützen infolge mangelhafter Wärmeisolierung zurückzuführen sind [39, S.118]. Im Bericht B9 äußert sich Mies van der Rohe selbst, dass die Gesamtlast des Gebäudes zu gering sei und er deshalb Maßnahmen zur Verankerung treffen musste. Die Frage der Schallisolierung sei ungelöst.

Walter Gropius füllte sein Stahlfachwerk mit 8 cm dicken Expansit-Korkplatten, die, beidseitig hinterlüftet, außen mit Eternit und innen mit Enso-, Celotex- [39, S. 113: Zuckerrohrfaser], oder Lignatplatten [39, S. 113: Silikat-gebundenes Zellfasermaterial] verkleidet waren. Allerdings gingen seine 10er Z-Walzprofile vom kalten zum warmen Bereich der Gebäudehülle hindurch. Im Vergleich von Holzfachwerk mit Stahlfachwerk sah die Reichsforschungsgesellschaft bei beiden Potentiale.

Deshalb errichteten die Architekten Paul Mebes und Paul Emmerich 1930/31 in der Reichsforschungssiedlung Berlin-Haselhorst ein Laubenganghaus ebenfalls in Skelettbauweise aus Stahl [51], Bild 16. Die Füllungen zwischen den Trägern wurden gegen diese isoliert und mit Dehnfugen angeschlossen. Problematisch blieben die Wärmebrücken insbesondere zu den auskragenden Laubengängen. Hier lagen die Träger bis auf ihren Korrosionsschutz frei. Die Verwendung von Stahlkonstruktionen im Wohnungsbau der Moderne blieb trotzdem eine Rarität.

Vorbild der klassischen Moderne in der aktuellen Wohnungsbaukrise?

Die Geschossbauten der klassischen Moderne hätten so, wie sie damals geplant und ausgeführt wurden, heute keine Chance genehmigt zu werden. Gegen diese alten Planungen steht schon das Selbstbewusstsein der Architekten, die glauben, etwas Neues kreieren zu müssen. Zugegeben, die Bäder sind für heutige Lebensgewohnheiten zu klein. Das ließe sich regeln.

Die Geschossbauten der klassischen Moderne entsprechen nicht den heute gesetzlichen, verordneten und genormten Vorgaben, gerade auch den Vorgaben der Bauphysik: Brand-, Schall-, Lärm- sowie sommerlicher und winterlicher Wärmeschutz und technische Gebäudeausstattung (Heizung, Lüftung, Sanitär, Elektro).
In allen Fällen, in denen Gesundheit der Bewohner und Standfestigkeit des Gebäudes gewährleistet sind, werden die Gebäude juristisch unter »Bestandsschutz« [52] selbstverständlich weiter betrieben und falls erforderlich ertüchtigt. Denn die Geschossbauten der klassischen Moderne sind bei ihren Bewohnern trotzdem beliebt und werden stark nachgefragt.

Bei der Sanierung der Geschossbauten des Neuen Bauens stellen wir immer wieder fest, dass es trotz oder wegen der Auflagen der Denkmalpflege mit relativ einfachen Mitteln möglich ist, diese Gebäude auf die heutigen Ansprüche an Energieeffizienz, Wärme-, Brand- und Schallschutz nachzurüsten. Das geht von der Dämmung der Dachgeschossdecke und der Kellerdecke über die Abdichtung von Fenstern und Türen [53], zeitgemäße Wärmeversorgung, Sanitäranlagen und Elektrotechnik bis hin zur Nutzung von Photovoltaik [54] als Ausgleich für den Verzicht auf Dämmung der Außenwände, die diffusionsoffen bleiben sollen. Innendämmung sehe ich wegen der Verlagerung des Taupunktes zum Wohnraum hin als kritisch.

Auf zwei Veröffentlichungen über die bauphysikalische Untersuchung und Bewertung von Gebäuden des Neuen Bauens bzw. über die zeitgenössische Fachliteratur sei an dieser Stelle hingewiesen: [55], [56].

Fazit: Vorbild der klassischen Moderne?

Überwiegend bleibt aus dem Studium der Quellen der Eindruck, dass die klassische Moderne in der Abwägung Wirtschaftlichkeit zu Baukonstruktion Großes geleistet hat. Wo die planenden Baumeister dem damaligen Erkenntnisstand der Bauphysik nicht ganz die Aufmerksamkeit geschenkt haben, kann heute nachgebessert werden. Vollkommen anerkannt sind die Verdienste der Architekten der klassischen Moderne um Städte- und Wohnungsbau: Baublöcke wurden durch Vor- und Rücksprünge variiert und aufgebrochen. Die Bauhöhe wurde in der Regel auf vier bis fünf Geschosse begrenzt. Die Abstände der Baublöcke bemaß man so, dass die Blöcke untereinander nicht verschatteten. Zwischen den Baublöcken legte man sanitäres Grün als Gemeinschafts- oder Mietergärten an. Konzeptionell wurden Baublöcke als Zweispänner, als Laubengang oder Mittelganghaus erschlossen. Die Blockbreite betrug 10 bis 11 m.

Bezüglich der aktuellen Diskussion um nachhaltiges, klima- und ressourcenschonendes Bauen sei auf die seinerzeitigen Prinzipien kosten- und ressourcenschonenden Bauens hingewiesen: als vorrangige Größe von Geschosswohnungen für 1 bis 4 Personen (Kinder bis 6 Jahre) wurden 50 bis 60 m², 2 ½ Zimmer, angestrebt. Die Architekten minimierten die Flurfläche, erschlossen mit diesen minimalen Fluren jedoch alle Räume einer Wohnung. Alle Räume waren von außen be-

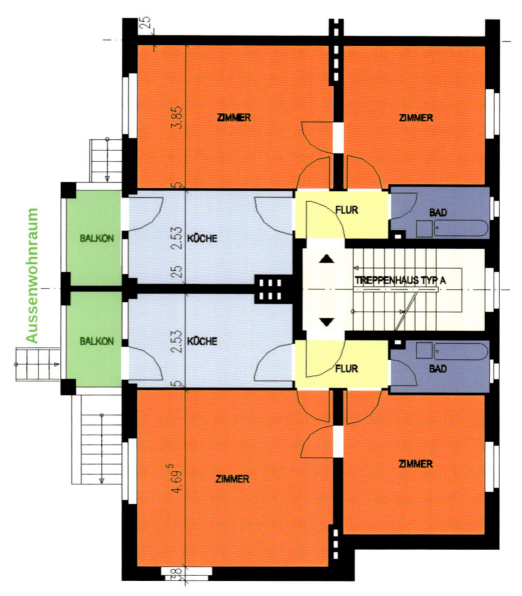

Hufeisensiedlung Berlin Britz, 2. Bauabschnitt, Parchimer Allee, Grundriss.

lichtet und belüftet (s. Abb. S. 126 und auf dieser Seite). Das Verhältnis von Länge und Breite näherte sich dem Goldenen Schnitt an. Küche und Sanitärraum lagen mal zusammen, mal getrennt angeordnet am Wohnungseingang. Die vollen Wohnräume waren rund 20 m² groß und wurden gleichwertig geplant, um flexible Nutzung zu gewährleisten. Halbe Wohnräume mussten mindestens 10 m² groß sein.

Anmerkungen zur Baukonstruktion der klassischen Moderne | 129

Jede Wohnung verfügte über einen Außenwohnraum, Balkon, Terrasse oder Loggia[5]. Bei Reihenhäusern war zwischen Treppe und Wohnräumen ein Flur zur Erschließung der hinteren Räume eingeplant. Die Hausbreite dieser Einfamilienhäuser lag somit etwa bei 5,50 m.

Literatur

Arbeitsrat für Kunst [Hrsg.] (1920) Ruf zum Bauen: zweite Buchpublikation des Arbeiterrats für Kunst. Berlin 1920.

Adam, S. (2024) Die gesunde Wohnung für jedermann – Die Erfindung des gesunden Wohnens. In: Die Wohnungswirtschaft. März 2024, S. 42–47.

Jahn, H. A. (2014) Das Wunder des Roten Wien. Band I: Zwischen Wirtschaftskrise und Art déco. Band II: Aus den Mitteln der Wohnbausteuer. Wien: Phoibos Verlag.

Meier, E. A. (1984) Der Basler Arbeitsrappen 1936–1984. Die Geschichte eines genialen Sozialwerks und dessen Auswirkungen auf die städtebauliche Entwicklung Basels. Basel: Birkhäuser Verlag, ISBN 3-7643-1612-8.

Pestel Institut gGmbH Hannover und Arbeitsgemeinschaft für zeitgemäßes Bauen e. V. Kiel [Hrsg.] (2023) Bauen und Wohnen in der Krise – Aktuelle Entwicklungen und Rückwirkungen auf Wohnungsbau und Wohnungsmärkte. Hannover, 12. Januar 2023.

Bandarin, F. (2008) World Heritage Nomination – Housing estates in the Berlin Modern Style. WHC174/1088/GER/CD/MR, 04.12.2008.

GEHAG [Hrsg.] mit Neidenberger, G. A. (2024) Gemeinnützige Heimstätten-Aktiengesellschaft – Entstehung und Entwicklung eines gewerkschaftlichen Wohnungsunternehmens 1924–1957. Berlin: Verlag Gebrüder Feyl.

Adam, S.; Wenzel, R. (2024) Vorbild für den aktuellen Wohnungsbau. In: 100 Jahre GEHAG. Berlin: Fachtagung am 13.04.2024.

Wolf, N. (2024) Bauwirtschaft der klassischen Moderne – Anregungen für heute. In:100 Jahre GEHAG. Berlin: Fachtagung am 13.04.2024.

Thaetner, T. (2024) Zukunft Baurecht im Spiegel der klassischen Moderne. In:100 Jahre GEHAG. Berlin: Fachtagung am 13.04.2024.

Adam, S. (2024) Vorbild für den solidarischen Wohnungsbau – Gründung der GEHAG. In:100 Jahre GEHAG. Berlin: Fachtagung am 13.04.2024.

Piening, G. (2024) Sozialer Wohnungsbau: Warum die Gehag immer noch Vorbild ist 1924 nahmen die Gewerkschaften den Wohnungsbau selbst in die Hand. Ein Modell für heute? In: ND, Nr. 88, Dienstag,16.04.2024, 79. Jg., S. 10, Hauptstadtregion.

Linke, G. (1850) Vorträge über Baukonstruktionslehre. Berlin: Verlag von F. Silber.

Amtsblatt der Königlichen Regierung zu Erfurt, Stück 52, vom 19.11.1870, S. 261.

---

5   Grundlage analog zu den Förderungskriterien der Hauszinssteuer-Kredite 1926 von Martin Wagner bei Vergrößerung der Fläche der Sanitärräume gemäß heutigem Bedarf.

Amtsblatt der Königlichen Regierung zu Potsdam und der Stadt Berlin«, Stück 5, vom 3.2.1871, S. 42.

Zeitschrift für Bauwesen, herausgegeben unter Mitwirkung der Königlichen Bau-Deputation und des Architekten-Vereins zu Berlin. Jg. XXI, Heft 1, S. ¾. Berlin: Ernst & Korn, 1871.

Frick, O.; Knöll, K. (1915) Baukonstruktionslehre. Leipzig und Berlin: B.G. Teubner, 4. Aufl. 1915.5

Frick, O.; Knöll, K. (1940) Baukonstruktionslehre – Teil 1: Steinbau. Leipzig und Berlin: B.G. Teubner.

Ellinger, A. (1930) Zehn Jahre Bauhüttenbewegung – eine kurze Geschichte des Verbandes Sozialer Baubetriebe. Berlin: Verlagsgesellschaft des Allgemeinen Deutschen Gewerkschaftsbundes m.b.H,

Pitz, H.; Brenne, W. (1991) Großsiedlung Britz (Hufeisensiedlung). Dokumentation und Rekonstruktion des Originalzustandes. Grundlage für zukünftige Erneuerungs- und Instandhaltungsmaßnahmen im Rahmen des Denkmalschutzes. Architekturwerkstatt Helge Pitz-Winfried Brenne, Gutachten im Auftrag der Gemeinnützigen Heimstätten AG. 11 Bde. Berlin 1984–1991.

Brenne, W. (1987) Wie die Siedlungen gebaut wurden. Damals – Heute Bautechnik, Konstruktion und Ausstattung. In: Vier Siedlungen der Weimarer Republik, Kapitel VI, Berlin: Argon Verlag

Hirdina, H. [Hrsg.] (1984) Neues Bauen Neues Gestalten – Das Neue Frankfurt/die neue Stadt, Eine Zeitschrift zwischen 1926 und 1933. Dresden/Berlin: Verlag der Kunst.

Schütte-Lihotzky, M. (1926) Rationalisierung im Haushalt. In: Das Neue Frankfurt, Heft 5/1926–1927, S. 120–123.

Gropius, W. (1927) In: Die Wohnungswirtschaft, Nr.3–4, 01.02.1927, S. 29–30, Schriftleitung: R. Linneke, Berlin: Verlagsgesellschaft des Allgemeinen Deutschen Gewerkschaftsbundes, Inselstraße 6.

Reichsforschungsgesellschaft für Wirtschaftlichkeit im Bau- und Wohnungswesen [Hrsg.] (1928) Weißenhof, Sonderheft 6.

Droste, M. (2019) Bauhaus 1919–1933. Aktualisierte Ausgabe. Köln: Taschen.

Feldenkirchen, W.; Hilger, S. [Hrsg.] (2001) Menschen und Marken. 125 Jahre Henkel 1876–2001. Düsseldorf: Henkel.

Bauwelt 4 (1913) 21, S. 21.

Bauwelt 10 (1919) 38, S. 12–13.

Bauwelt 15 (1924) 25, S. 57ff.

Frick, O.; Knöll, K. (1944) Baukonstruktionslehre, Teil 2: Holzbau. 16. Aufl. Leipzig und Berlin: B.G. Teubner.

Howard, E. (1902) Garden Cities of To-morrow. London: Swan Sonnenschein & Co.

Pitz, H.; Brenne, W. (1991) Waldsiedlung Zehlendorf (Onkel-Toms-Hütte). Architekturwerkstatt Helge Pitz und Winfried Brenne, Dokumentation für die GEHAG, März 1991.

Monier, J. (1869) Procédé pour des panneaux, mobiles et immobiles, servant à la clôture des maisons, etc. Patent Nr. 77 165 Zusatz, Paris, 2. September 1869.

McBeth, D. (1998) François Hennebique (1842–1921), reinforced concrete pioneer. In: Proceedings of the Institution of Civil Engineers, London: Mai 1998.

Actien-Gesellschaft für Monier-Bauten vorm. G. A. Wayss & Co.; Abth. Brücken, Durchlässe und Tunnel [Hrsg.] (1891) Die Monier-Bauweise D.R.-Pat. (Eisengerippe mit Cement-Umhüllung). Berlin 1891.

Fleckner, S. (1993) Reichsforschungsgesellschaft für Wirtschaftlichkeit im Bau- und Wohnungswesen 1927–1931 [Dissertation], RWTH Aachen, Fakultät für Architektur.

Wetzel, H. (1927) Die Werkbund-Siedlung auf dem Weißenhof bei Stuttgart. In: Deutsche Bauzeitung 61, Nr. 76, S. 625 ff.

Reichsforschungsgesellschaft für Wirtschaftlichkeit im Bau- und Wohnungswesen [Hrsg.] (1929) Bericht über die Siedlung in Stuttgart am Weißenhof. Sonderheft Nr. 6, Gruppe IV, Nr. 3, 2. Jg., Berlin: Beuth-Verlag.

Verf. unbekannt (1919) Übertriebene Firmenabkürzungen. In: Seidels Reklame, IV. Jg., Heft 3+4, Berlin-Grunewald, Juli 1919.

Kress, C. (2011) Adolf Sommerfeld – Andrew Sommerfield, Bauen für Berlin 1910–1970. Berlin: Lukas-Verlag.

Wagner, M. (1920). In: Der Grundstein, Nr. 19., S. 147–149.

Grünzig, M. (2002) Sanierung Splanemannsiedlung, In: Bauwelt 45 / 2002, S. 3.

Gale, W. K. V. (1981) Ironworking. Princes Risborough: Shire Publications.

Birne, T. (1997) Die Splanemannsiedlung von Martin Wagner in Berlin-Friedrichsfelde. In: Der Architekt 9 / 97, S. 526.

Junghanns, K. (1994) Das Haus für alle. Zur Geschichte der Vorfertigung in Deutschland, Berlin Ernst & Sohn.

Heinzerling, F. (1870) Die Brücken in Eisen. Nachdruck der Originalausgabe von 1870. Bochum: UNIKUM-Verlag, 2013.

Verf. Unbekannt (1905) Fuller Building (Flatiron Building). In: The New York Times, January 1905, Building Supplement 7.

Buchenau, H. (1951) Stahlbau. 13. Aufl. Leipzig: Teubner.

Wiedemann, G.; Franz, R. (1853) Ueber die Wärme-Leitungsfähigkeit der Metalle. In: Annalen der Physik, Band 165, Nr. 8, S. 497–531.

Scheiffele, W. (2003) Bauhaus, Junkers, Sozialdemokratie: Ein Kraftfeld der Moderne. Berlin: Form & Zweck.

Blunck, E. (1927) Die Wohnung – Werkbund-Ausstellung in Stuttgart 1927. Betrachtung über ihre künstlerischen Ergebnisse. In: Deutsche Bauzeitung, 61. Jg., Nr. 59, S. 489 ff. vom 23. Juli 1927.

Verf. Unbek. (1929) Forschungssiedlung Spandau-Haselhorst. Wettbewerb der Reichsforschungsgesellschaft für Wirtschaftlichkeit im Bau- und Wohnungswesen e.V. In: Zeitschrift für Bauwesen, Nr. 4, 1929, S. 79–110.

Schulte Beerbühl, H. (2022) Baurecht falsch verstanden: Was ist Bestandsschutz. In: Bauwelt Deutsches Architektenblatt vom 05.10.2022.

http://www.hufeisensiedlung.info/denkmal-basisinfo/modernisierung.html

Klawun, R.; Kampmann, K. (2023) Denkmale & Solaranlagen – Solarleitfaden für das Land Berlin. Landesdenkmalamt Berlin [Hrsg.], Stand Juli 2023.

Röseler, H.; Krause, P.; Eitle, A.; Veres, E.; Leistner, P. (2022) Bauhaus und Bauphysik – Eine bauphysikalische Untersuchung und Bewertung am Beispiel Haus Oud. Bauphysik 44, H. 2, S. 95–106. https://doi.org/10.1002/bapi.202200006

Tomlow. J. (2007) Bauphysik und die technische Literatur des Neuen Bauens. Bauphysik 29, H. 2, S. 146–158. DOI 10.1002/bapi.200710022

Die Neue Gemeinnützigkeit im Wohnungsbau

Verlautbarung des Bundesministeriums für Wohnen, Stadtentwicklung und Bauwesen

Von der Webseite https://www.bmwsb.bund.de/Webs/BMWSB/DE/themen/stadt-wohnen/wohnungswirtschaft/NWG-artikel.html, am 18.07.2024

Die Bundesregierung hat im Koalitionsvertrag vereinbart, eine neue Wohngemeinnützigkeit (NWG) einzuführen, die neben dem sozialen Wohnungsbau das Segment des dauerhaft bezahlbaren Wohnraums schaffen soll. Mit dem Kabinettbeschluss vom 05. Juni 2024 zum Jahressteuergesetz 2024 setzt sie jetzt die Wiedereinführung der NWG durch gesetzliche Änderungen in der Abgabenordnung um. Damit werden die Voraussetzungen für ein neues unternehmerisches Segment auf dem Wohnungsmarkt geschaffen.

Drei Säulen für mehr bezahlbaren Wohnraum in Deutschland

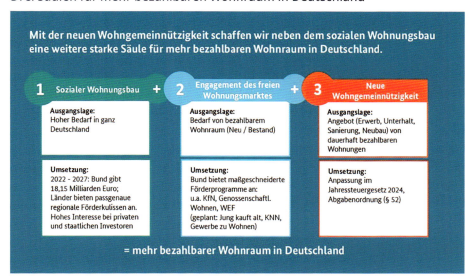

Die NWG – ein neues Marktinstrument für bezahlbaren Wohnraum in Deutschland

Die Regierungsparteien haben sich in ihrem Koalitionsvertrag auf die Einführung einer neuen Wohngemeinnützigkeit (NWG) verständigt. Mit dem Beschluss zum Jahressteuergesetz schafft die Bundesregierung nun die Voraussetzung, dass sich neben dem sozialen Wohnungsbau eine weitere Säule für die Bereitstellung von bezahlbaren Wohnungen in Deutschland etablieren kann. Die NWG soll die Struktur der etablierten Wohnungswirtschaft ergänzen, ohne diese zu benachteiligen. Die NWG setzt ein Zeichen, dass es sich kurz-, mittel- und langfristig lohnt, in faire, bezahlbare Mieten zu investieren. Mit der NWG setzt die Bundesregierung nun einen Startpunkt in ein neues, wichtiges Marktsegment, das den sozialen Wohnungsbau und die vielfältigen passgenauen Förderkulissen des BMWSB ergänzt.

Anpassung des Gemeinnützigkeitsrechtes ermöglicht die Wiedereinführung der NWG

Im Jahressteuergesetz 2024 hat sich die Bundesregierung auf eine Lösung für dezidiert sozialorientierte Unternehmen mit Wohnungsbeständen konzentriert. Für diese wird ein »wohngemeinnütziger« Zweck in das bestehende Gemeinnützigkeitsrecht in der Abgabenordnung eingeführt und für den Wohnungsbau, die Wohnungsmodernisierung und die Vermietung hinderliche Regelungen abgebaut. Die Ausgestaltung der neuen Wohngemeinnützigkeit erfolgt so, dass bis zu 60 % der Haushalte in ganz Deutschland profitieren können. Darüber hinaus wird den Unternehmen mehr Spielraum bei den Rücklagen gewährt werden, mithilfe dessen sie Mittel für größere Investitionen (Neubau, Sanierung) ansparen können.

Rechtliche Grundlagen für langfristige und soziale Vermietung

Die NWG sorgt dafür, dass es für sozial orientierte Unternehmen nun rechtlich möglich und letztendlich auch finanziell attraktiv wird, sich bei der sozialen und langfristigen Vermietung von Wohnraum zu engagieren. Möglich wird dies, weil die Bereitstellung von bezahlbarem Wohnen als »gemeinnützig« eingestuft und somit steuerlich begünstigt wird. Das Gemeinnützigkeitsrecht ist seit 1977 in der Abgabenordnung enthalten. Genau genommen werden in § 52 des Gemeinnützigkeitsrechts alle gemeinnützigen Zwecke, die für das soziale Miteinander unserer Gesellschaft elementar sind, festgelegt. Dazu zählen z. B. die Förderung des Wohlfahrtswesens, die Jugend- und Altenhilfe aber auch Kunst und Kultur, Denkmal- und Naturschutz. Stiftungen, Vereine und soziale Einrichtungen, die in diesen und anderen Bereichen unternehmerisch aktiv sind, werden für das Engagement für die Gesellschaft mit steuerlichen Vorteilen »belohnt«.

NWG ermöglicht verlässlich bezahlbaren Wohnraum

Für Bürgerinnen und Bürger ist es wichtig, dass sie dauerhaft eine bezahlbare Miete haben und somit in den eigenen vier Wänden wohnen bleiben können. Diese Verlässlichkeit wird durch die NWG gegeben. Die NWG ermöglicht ein neues Marktsegment, in dem gemeinnützige Wohnungsunternehmen eine dauerhafte Sozialbindung garantieren und folglich dauerhaft vergünstigte Mieten angeboten werden können. Damit unterscheidet sich die NWG vom sozialen Wohnungsbau, bei dem die Bindung zeitlich befristet sind.

NWG eine Win-win-Situation

Entscheiden sich Unternehmen für die NWG zahlt sich das für sie, aber auch für die Mietenden und die Gesellschaft, aus. Die NWG ist eine Win-win-Situation für beide Seiten: Unternehmen verpflichten sich als gemeinnützige Wohnungsunternehmen (gWU) durch ihre Satzung dazu, dauerhaft Wohnraum vergünstigt zur Verfügung zu stellen.

Ein beispielhaftes Wohnungsunternehmen hat 1.000 Wohnungen mit insgesamt ca. 70.000 m² vermieteter Fläche im Bestand. Bei einer durchschnittlichen monatlichen Nettokaltmiete in Höhe von 6,50 €/m² und umlagefähigen Betriebskosten in Höhe von 3,50 €/m² erwirtschaftet das Unternehmen ca. 8,40 Millionen Euro Umsatzerlöse aus der Vermietung pro Jahr. Nach Abzug von ca. 50–60 % Aufwand aus Verwaltungskosten, Instandsetzung, Betriebskosten sowie ca. 20 % Aufwand aus AfA und Zinszahlungen aus ausstehender Fremdfinanzierung beträgt der zu versteuernde Gewinn ca. 1,5–2,5 Millionen Euro pro Jahr. Darauf sind 15 % Körperschaftsteuer zzgl. Solidaritätszuschlag zu entrichten. Gewerbesteuer wird aufgrund der für Wohnungsunternehmen möglichen Inanspruchnahme der sog. erweiterten gewerbesteuerlichen Kürzung in diesem Fall nicht fällig. Auf die Wohnfläche umgelegt entspricht dies einer Abgabenlast von ca. 0,25–0,45 €/m² Wohnfläche pro Monat. Ein künftiges NWG-Unternehmen müsste diese nicht entrichten und könnte diese Ersparnis beispielsweise für eine entsprechende Reduzierung der Miete oder für Bestandsinvestitionen einsetzen.

Stellungnahme Hanna Steinmüller, Mitglied der Grünen im Ausschuss für Wohnen, Stadtentwicklung, Bauwesen und Kommunen des Deutschen Bundestages

»Wir wollen Mieter*innen Sicherheit geben: Dass ihre Wohnungen dauerhaft bezahlbar bleiben. Das kann eine Neue Wohngemeinnützigkeit leisten, wie wir sie im Koalitionsvertrag vereinbart haben: Offen für alle Rechtsformen, mit Steuererleichterungen und Investitionszulagen. Damit soll eine neue Dynamik in den Bau und die dauerhafte Sozialbindung von bezahlbarem Wohnraum ausgelöst werden. Das heute beschlossene Jahressteuergesetz enthält nun eine Regelung, die nur bereits gemeinnützigen Unternehmen die vergünstigte Vermietung ermöglichen soll. Für diese gemeinnützigen Unternehmen besteht damit Rechtssicherheit, dass sie ihre Wohnungen auch unterhalb des marktüblichen Preises vermieten können. Das kann für eine kleine Gruppe an Mieter*innen helfen.

Leider ist meine Diagnose: Der heutige Beschluss bringt noch keinen neuen Schwung in den Wohnungsmarkt. Das liegt auch daran, dass ein bedeutender Baustein der Neuen Wohngemeinnützigkeit darin überhaupt nicht adressiert wird: die im Koalitionsvertrag vereinbarten Investitionszulagen. Der alte Spruch »Ohne Moos nichts los« bewahrheitet sich auch hier wieder. Wir brauchen einen Nachteilsausgleich oder Investitionszulagen, damit sich mehr Wohnungsunternehmen entscheiden mitzumachen und nicht nur ohnehin schon gemeinnützige.

Die Zeit drängt, jedes Jahr verlieren wir tausende Sozialwohnungen in Deutschland. Hier brauchen wir eine Trendumkehr und mehr dauerhaft bezahlbare Wohnungen. Ich werde mich deshalb weiterhin dafür einsetzen, dass wir bezahlbaren Wohnraum nicht nur kurzfristig, sondern dauerhaft bereitstellen. Dafür braucht es eine echte Wohngemeinnützigkeit, die allen gemeinwohlorientierten Akteuren offensteht und die in großem Maße finanzielle Anreize setzt«.[1]

»Es ist richtig, dass die Neue Wohngemeinnützigkeit in Co-Federführung von BMWSB und BMF vor der Sommerpause im Kabinett auf den Weg gebracht wurde. Im Gesetzentwurf zum Jahressteuergesetz I 2024 wird geregelt, dass die vergünstigte Vermietung an hilfsbedürftige Personen in Zukunft unter die Gemeinnützigkeit nach Abgabenordnung (§52 AO) fällt. Zusätzlich wird gemeinnützigen Wohnungsunternehmen ermöglicht, in Zukunft Rücklagen für Investitionsvorhaben zu bilden.

Die Umsetzung wie oben beschrieben entspricht leider nur in Teilen dem ursprünglichen Vorhaben für eine neue Wohngemeinnützigkeit. Insbesondere fehlen bisher die vorgesehenen Investitionszuschüsse. Dies führt aus unserer Sicht dazu, dass die Investitionstätigkeit der gemeinnützigen Wohnungsunternehmen vorerst überschaubar sein wird. Die fehlende Investitionskomponente hängt natürlich auch mit der engen Haushaltslage zusammen – trotzdem wäre eine solche aus unserer Sicht weiterhin sehr wünschenswert und wir werden uns im Verlauf der Beratungen natürlich dafür einsetzen, dass hier noch Spielräume geschaffen werden.

Zum Zeitplan kann ich Ihnen sagen, dass das Gesetz zum 01.01.2025 in Kraft treten soll. Eine 1. Lesung des Gesetzes im Bundestag ist aktuell geplant für Ende September – danach beginnen die üblichen parlamentarischen Verhandlungen.«[2]

Stellungnahme Caren Lay, Obfrau der Linken im Ausschuss für Wohnen, Stadtentwicklung, Bauwesen und Kommunen des Deutschen Bundestages[3]

Das Bundeskabinett hat dem Entwurf des Jahressteuergesetzes zugestimmt. Darin soll nebenbei die Mikro-Variante einer Wohngemeinnützigkeit eingeführt werden.

Als Linke haben wir mit vielen von Euch zusammen viele Jahre für die Wiedereinführung einer Neuen Wohngemeinnützigkeit gestritten. Die NWG sollte das Problem auslaufender Sozialbindungen im Sozialen Wohnungsbau lösen. Es sollte einem nichtprofitorientierten Wohnungssektor zu einer relevanten Größe verholfen werden, auf dem Haushalte mit niedrigen und mittleren Einkommen dauerhaft bezahlbare Wohnungen finden. Im Gegenzug zu garantiert bezahlbaren Mietpreisen sollten die gemeinnützigen Träger Steuervergünstigungen, aber auch Zuschüsse und z.B. privile-

---

1 Von Webseite https://hanna-steinmueller.de/meine-einschaetzung-zum-kabinettsbeschlussjahressteuergesetz-neue-wohngemeinnuetzigkeit/
2 Korrespondenz mit den Herausgebern per E-Mail vom 05.09.2024
3 Korrespondenz mit den Herausgebern per E-Mail vom 06.09.2024

gierten Zugang zu preislimitiertem Bauland bekommen. Leider ist der Entwurf der Ampel ganz und gar kein großer Wurf geworden. Die Bundesregierung selbst geht von 105.000 Mieterinnen und Mietern aus, die profitieren würden – das ist bei 42 Mio. Mieterinnen und Mietern in Deutschland ein Viertel Prozent (0,25 %).
Eine erste Einschätzung:

- Der Regierungsentwurf zielt auf einen kleinen Kreis sozialer und karitativer Organisationen ab, die erleichtert und vergünstigt Wohnungen vermieten können sollen, aber nicht auf kommunale und genossenschaftliche Wohnungsunternehmen, die Träger einer groß angelegten Neuen Wohngemeinnützigkeit sein müssten.
- Es fehlen die im Koalitionsvertrag versprochenen Investitionszulagen.
- Ohne Zuschüsse ist der Betrieb gemeinnütziger Wohnungsunternehmen wirtschaftlich kaum tragbar.
- Ohne Zuschüsse und die privilegierte Vergabe von Bauland wird gemeinnütziger Wohnungsneubau nicht finanzierbar.
- Zwar sind die Einkommensgrenzen vergleichsweise großzügig bemessen und Mieten müssen dauerhaft unter Marktniveau liegen, aber: erstens wird dem großen potenziellen Kreis der Begünstigten ein sehr kleines Angebot gegenüberstehen (wie gesagt rechnet die Regierung mit ca. 105.000 Mieterinnen und Mietern) und zweitens ist kein Mietniveau festgelegt, sodass die Mieten auch nach Ausfinanzierung der Wohnungen nicht auf die Kostenmiete fallen müssen, sondern knapp unter Marktniveau – für viele nicht leistbar – bleiben dürften.
- Für die jährlich zehntausenden Mieter:innen, deren Wohnungen die nur vorübergehenden Sozialbindungen verlieren, wird keine Perspektive geboten. Die Hoffnung, mit der Einführung einer Neuen Wohngemeinnützigkeit das Problem auslaufender Sozialbindungen in den Griff zu bekommen und die Soziale Wohnraumförderung dadurch zu reformieren, wird also nicht erfüllt.

Das bleibt also vom größten wohnungspolitischen Projekt der Ampel: eine tragisch verpasste Chance! Der Tiger ist als Bettvorleger gelandet. Als Linke werden wir uns im Bund weiter für 20 Milliarden Euro im Jahr Förderung für sozialen und gemeinnützigen Wohnungsbau einsetzen – für eine neue Wohngemeinnützigkeit, die den Namen verdient. Mit dieser Position werden wir uns in die anstehende Parlamentarische Debatte einbringen.

Wann die Koalitionsfraktionen das Jahressteuergesetz im Bundestag vorlegen, kann ich nicht beantworten. Nächste Woche wird der Haushalt 2025 in der ersten Runde debattiert. Darin ist keine Zuschussförderung für Wohngemeinnützigkeit vorgesehen.

»Den Städtebau sozial und für alle organisieren«

Jannis Hartmann: Interview mit Dipl.-Ing. Steffen Adam, abgedruckt in der taz vom 12. April 2024

Vor hundert Jahren baute die gemeinnützige GEHAG tausende bezahlbare Wohnungen in Berlin – trotz Weltwirtschaftskrise. Sechs Siedlungen sind heute UNESCO Welterbe. Wir treffen den Architekten und Bauhistoriker Steffen Adam in der Wohnstadt Carl Legien. Er will eine Neuauflage des solidarischen Wohnungsbaus. Das Interview für die taz führt Jannis Hartmann.

taz: Herr Adam, wir haben uns in der Wohnstadt Carl Legien im Prenzlauer Berg verabredet, benannt nach dem großen Gewerkschaftsführer. An der Fassade vor uns prangt ein riesiger GEHAG-Schriftzug samt Baujahr: 1929–1930. Mittlerweile ist der Sozialbau UNESCO-Welterbe. Was macht ihn so besonders?

Steffen Adam: In der Wohnstadt Carl Legien erlebt man, wie bis heute weltweit gewohnt wird. Seit dem 20. Jahrhundert haben alle Wohnungen auf der Welt eine gewisse gleiche Grundstruktur: Kleine Flure von denen man alle Räume erreichen kann, ein eigenes Bad, Küche und Balkon. Man wollte den schlechten Wohnverhältnissen der Kaiserzeit etwas Neues entgegensetzen, das dem Wohl breiter sozialer Schichten der Bevölkerung dient.

Städtebaulich wurden der Stadtraum durch Vor- und Rücksprünge der Baublöcke variiert. Die Blöcke wurden aufgebrochen, die Bauhöhe auf fünf Geschosse begrenzt. Zu den GEHAG-Qualitäten gehörte es, die Abstände der Baublöcke untereinander so zu wählen, dass sie sich nicht verschatten. Der Zwischenraum konnte mit sanitärem Grün als Gemeinschafts- oder Mietergärten genutzt werden. Konzeptionell erschloss man die Geschossbauten als Zweispänner oder Laubengang. Die Breite eines solchen Wohngebäudes betrug damit etwa 11 m.

Speziell an der Wohnstadt Carl Legien sind die großen, farbig differenzierten Innenhöfe. Sie dienten einerseits der Gemeinschaft der Bewohner und der Nutzung als Mietergärten durch die Bewohner – absolut ungewöhnlich in dieser zentralen Innenstadtlage. Bruno Taut, dem Chefarchitekten der GEHAG, gelingt dies, indem der die Breite der Querstraßen auf ein für Berlin untypisches Minimalmaß reduziert. Die heutige Erich-Weinert-Straße behält hingegen ihre Breite. Hier ordnet Taut stadtbildprägend die dynamischen Balkone der Kopfbauten an.

Für heutige Verhältnisse sind die Wohnungen, überwiegend zwei Zimmer mit etwa 60 m², eher klein. Deshalb war es Bruno Taut so wichtig, jede Wohnung mit einem Außenwohnraum, einem Balkon oder einer Loggia zu versehen.

Die vorrangige Größe der Geschosswohnungen in der Wohnstadt Carl Legien beträgt etwa 50–60 m², 2 ½ Zimmer, damals bemessen für 1–4 Personen (Kinder bis 6 Jahre). Die Flurfläche ist minimiert, erschließt jedoch alle Räume der Wohnung. Alle Räume sind nach außen zu belichten und zu belüften. Das Verhältnis von Länge und Breite nähert sich dem Goldenen Schnitt an. Küche und Sanitärraum liegen am Wohnungseingang. Die vollen Wohnräume sind um 20 m² groß und gleichwertig, um flexible Nutzung zu gewährleisten. Halbe Wohnräume sind mindestens 10 m² groß, das Bad mit 5 m² eher klein.

taz: Und die Wohnstadt ist ein erstes Beispiel dafür?

Die UNESCO hat mit den »Siedlungen der Berliner Moderne« 2008 eine Entwicklungsreihe ausgewählt: Beginnend mit der Gartenstadt Falkenberg von 1913 über Siedlung am Schillerpark, die Hufeisensiedlung Britz hin zur innerstädtischen Wohnstadt Carl Legien, die für Mietergärten und gemeinschaftliches Grün die Straßenbreiten minimiert.

Dem folgen die Weiße Stadt, Reinickendorf, und schließlich die Siemensstadt. Diese beiden Siedlungen sind im typischen Zeilenbau konzipiert. Insgesamt sechs Siedlungen wurden 2008 Welterbe. Drei davon hat die GEHAG errichtet. Die Waldstadt Zehlendorf, ebenfalls von der GEHAG erbaut, steht seit November 2023 auf der Tentativliste zum Weltkulturerbe.

taz: Wenn man über die Prenzlauer Allee hier her spaziert, fällt der architektonische Bruch direkt ins Auge. Im Stadtteil stehen die alten Mietskasernen dicht an dicht, die Wohnstadt Carl Legien wirkt aufgelockert.

Der Anstoß für gesunde Wohnverhältnisse kam schon um 1900 von Albert Kohn, dem großen Direktor der AOK. Die Krankenkasse lies alte Wohnungen von sogenannten Armenärzten untersuchen. Der namentlich bekannteste war Karl Kollwitz, Ehemann der berühmten Künstlerin Käte Kollwitz. Nachprüfbar wurde festgestellt: Die waren in der Mehrzahl viel zu feucht. Die Bewohner wurden oder waren darin krank. Etliche mussten die untersuchenden Ärzte gleich in die Charité bringen lassen, so schlimm war das. Die AOK erklärte den hygienischen Wohnungsbau zur Präventivmedizin: Licht, Luft und sanitäre Einrichtung in jeder einzelnen Wohnung forderten die Krankenkassen. Architekten wie Bruno Taut, dem Chefarchitekten der GEHAG, haben diese Forderungen begeistert aufgenommen und in ihren Planungen umgesetzt. Schließlich gingen die Aspekte gesunden Wohnungsbaus allgemein in die klassische Moderne ein.

Jetzt haben sie mit Bruno Taut schon einen wichtigen Kopf der GEHAG genannt. Ein anderer war Dr. Martin Wagner, Stadtbaurat von Schöneberg, später von Berlin. Was war das für ein Typ?

Martin Wagner hatte – wie Bruno Taut – in Königsberg Architektur studiert. Durchdrungen vom Kant'schen Imperativ war Wagner beseelt, die Lage der Bevölkerung unterer und mittlerer Einkommen grundlegend baulich zu bessern. Noch aus dem Felde ließ er dazu Bücher veröffentlichen – »weil sie wichtig wären«, so sein Verleger. Martin Wagner promovierte mit einer Arbeit über sanitäres, öffentliches Grün und wurde linker Sozialdemokrat. Seine Schriften lesen sich heute unerwartet modern, ja geradezu sozialistisch.

Dr. Martin Wagner wollte Städtebau und Architektur sozial und für jedermanns Wohl neu organisieren. Dazu gehörten die sparsame Verwendung von Ressourcen, zweckmäßige Gesamtkonzeption und ein solidarischer Zusammenschluss aller Organisationen guten Willens. Vielen Kollegen sind Wagners bohrende Nachfragen präsent: Was kostet das? Wie soll das finanziert werden? Wer das nicht beantworten konnte, dem rechnete es Wagner mit beißendem Spott vor.

Anders als August Ellinger gelang Martin Wagner die Flucht in die USA. Die Enttäuschung über den aus seiner Sicht verfehlten Städte- und Wohnungsbau in der Bundesrepublik entlud er sich kurz vor seinem Tod 1957 in seiner Streitschrift »Potemkin in Westberlin« über das Hansaviertel im Tiergarten. Das hat Dr. Martin Wagner eine borniete Architektenschaft bis heute nicht verziehen. Allerdings wurde der Welterbeantrag Hansaviertel 2023 abgelehnt.

taz: Die Zwanziger waren ein Jahrzehnt der Wirtschaftskrisen. Erst Hyperinflation, dann Börsencrash und Weltwirtschaftskrise. Wie konnte die GEHAG trotzdem günstig bauen?

Dafür muss man noch einmal etwas zurückgehen. Gleich nach dem Ersten Weltkrieg waren Wagner und Ellinger deutschland- und europaweite Fürsprecher der sogenannten Bauhüttenbewegung geworden: Bauarbeiter*innen sollten sich organisieren und ihre eigenen Betriebe, sogenannte Bauhütten, gründen – nicht um privatwirtschaftliche Gewinne zu erwirtschaften, sondern nur den Lohn der Arbeiter. Die Gewerkschaften unterstützen diese sozialen Baubetriebe finanziell. Ab 1920 kauften die Gewerkschaftsdachverbände, ADGB und AfA-Bund, auch Baustoffproduktionen, Sägewerke, Ziegeleien und Wälder. Damit konnte die Bauhüttenbewegung auf die eigenen Produkte zurückgreifen. Im Bauablauf hat Martin Wagner durch die Einführung des Takt-Bau-Verfahrens die Bauzeit oft halbieren können.

taz: Die Arbeiter*innen hatten die zum Wohnungsbau notwendigen Produktionsmittel also selbst in der Hand?

Genau. Das brachten August Ellinger und Dr. Martin Wagner auf die Idee, neben den sozialen, freien Bauhütten auch einen am Gemeinwohl orientierten Auftraggeber zu erschaffen. 1924 gründeten sie mit der Wohnungsfürsorgegesellschaft der Stadt Berlin, Gewerkschaften, Baugenossenschaften, Konsum, AOK, der Rentenversicherung Volksfürsorge und weiteren gemeinnützigen Akteuren die Gemeinnützige Heimstätten-, Spar- und Bau-Aktiengesellschaft – kurz: GEHAG. Bis zum Ende der Weimarer Republik baute sie über 10.000 vorbildliche Wohnungen.

taz: Gab es auch architektonische Kniffe, mit denen Kosten gespart wurden?

Schauen Sie beispielsweise auf diese Hausfassade entlang der Straße. Da fällt auf: Es gibt keinen Stuck. Der Architekt Bruno Taut hat sich stattdessen die Farbe zunutze gemacht. Die Fenster sind hier gelb umrandet, dort blau, rot oder schwarz-weiß. Es wirkt individuell, erschafft soziale Bindung zwischen den Bewohnern, sorgt für Wiedererkennbarkeit. Das war Taut immer wichtig. Wenn Sie jetzt mit mir einmal kurz in den Hof laufen, sehen Sie: Jeder Hof hat eine eigene Farbe. Wir gucken gerade auf den blauen Hof. Das ist der genannte Zusammenhalt, die Identifikation, die Gemeinschaft der Bewohnenden.

Gespart wurde bei der GEHAG vor allem mit Mitteln der Baulogistik und des Bauablaufs. Das Takt-Bau-Verfahren – bis heute verwendet – halbierte die Bauzeit. Die Konkurrenz der GEHAG goss Wohnhäuser massiv in Beton. Martin Wagner baute als erster im Plattenbau: Die Splanemann-Siedlung in Friedrichsfelde, allerdings ohne die GEHAG.

taz: Gab es über Berlin hinaus politischen Rückhalt für den gewerkschaftlichen Wohnungsbau?

Ja, reichsweit hatten sich gemeinnützige Baugesellschaften gegründet. Ab 1924 wurde der gemeinnützige Wohnungsbau durch die Hauszinssteuer finanziell unterstützt. Weil Immobilienbesitz während der Hyperinflation quasi schuldenfrei geworden war, besteuerte man ihn. Die Steuereinnahmen flossen in den Staatshaushalt, dienten aber auch, um den gemeinwohlorientierten Wohnungsbau zu subventionieren.

taz: Konnte ein späterer Berliner Stadtbaurat an Wagners Einsatz für den sozialen Wohnungsbau anschließen?

Nein, Martin Wagner war einzigartig.

Aber einem anderen möchte ich hier gedenken: Karl-Heinz Peters, dem großen Vorsitzenden der GEHAG. Peters gelang es 1952 die GEHAG in einem wahren Wirtschaftskrimi weiter- und zu großer Wirkung für den gemeinnützigen Wohnungsbau zu führen: In Berlin mit der Gartenstadt Südwestkorso, der Siedlung Nachbarschaft Mariendorf, der Gropiusstadt, dem Gropiushaus, Heerstraße Nord, Falkenhagener Feld u.a., aber auch im Großraum Aachen. Karl-Heinz Peters setzte sich wie kein anderer für die Gemeinnützigkeit im Wohnungsbau ein. Noch im Jahre seines Todes publizierte er »Von der Gemeinnützigkeit zum Profit. Privatisierungsopfer GEHAG – Herausforderung für alternative Wohnungspolitik«, hoch aktuell. Übrigens sei auch »Wohnopoly« von Caren Lay zum Lesen empfohlen. Das war noch einmal der Versuch, die besten Ideen der Klassischen Moderne in die Nachkriegsmoderne zu übertragen.

taz: Welche Rolle haben da noch die sozialen Baubetriebe aus der Zeit der Bauhüttenbewegung gespielt?

Gar keine. Die Bauhütten wurden schon im Mai 1933 besetzt, geschlossen und enteignet und die Reste bestenfalls in die DAF überführt. Eine Neugründung in der Nachkriegszeit war weder in West noch in Ost politisch erwünscht.

taz: In Berlin hat die GEHAG an der Gropiusstadt mitgebaut. In Westdeutschland wurde der Siedlungsbau vor allem von der Neue Heimat übernommen, eine Gründung des Deutschen Gewerkschaftsbunds DGB. Hat die Neue Heimat etwas anders gemacht als die GEHAG?

Nein, eigentlich nicht. Die GEHAG hat durch ihre Geschichte natürlich immer viel auf ihren Standard, die GEHAG-Qualität, gehalten. Aber ich denke, die Neue Heimat hat genauso die klassische Moderne in die Nachkriegsmoderne übertragen. Denken Sie an Bremen, Neue Vahr, Hamburg Lohbrügge oder Neuperlach bei München. Andererseits ist die Neue Heimat ebenso eine Gründung der 1920er Jahre wie die GEHAG und beide mussten nach 1952 quasi neu aus der Taufe gehoben werden.

taz: ... bis der Spiegel 1982 aufgedeckte, dass sich Vorstandsmitglieder der Neuen Heimat bereichert hatten. Die gewerkschaftliche Mitwirkung am Wohnungsbau war in Westdeutschland am Ende.

Damit geriet auch die GEHAG in Schwierigkeiten. Infolge des Neue-Heimat-Skandals verließen die Gewerkschaften, die Deutsche Angestellten Gewerkschaft DAG und der Deutsche Gewerkschaftsbund, die GEHAG. Selbstverständlich ließen sie sich ihren Anteil an den Immobilien der GEHAG ausbezahlen. Die GEHAG mutierte in den 1980er Jahren zu einer reinen stadteigenen, kommunalen Wohnungsbaugesellschaft.

Dann schaffte die christlich-liberale Koalition1989 die Wohngemeinnützigkeit ab. Die Zeit der steuerlichen Erleichterungen für den gemeinnützigen Wohnungsbau war vorbei. Im Gegenteil: Mit der Steuerreform 2000 wurden gewinnorientierte Fonds und Investoren mit Steuergeschenken geradezu zur Party geladen. Franz Müntefering prägte dazu das Wort »Heuschrecken«. Allerdings war die SPD Urheber des Gesetzes zur Senkung der Steuersätze und zur Reform der Unternehmensbesteuerung. Als Berlin dann arm und sexy wurde, dachte sich Frau Fugmann-Heesing 1998 nichts dabei, dass die GEHAG durch den christdemokratischen ehemaligen Bürgermeister von Zehlendorf, Jürgen Klemann, verkauft wurde.

taz: Heute sind fast alle GEHAG-Siedlungen in der Hand der Deutsche Wohnen. Die wurde wiederum 2022 von der börsennotierten Vonovia geschluckt. Sieht man das der Wohnstadt Carl Legien heute an?

Es gibt hier vorne im Hof eine kleine Geschäftsstelle. Aber ansonsten sieht man von Privatisierung eigentlich nichts. Was den Erhalt der Substanz angeht, die Wohnstadt

Carl Legien ist Weltkulturerbe und darüber hinaus hoch unter Denkmalschutz. Dem auch die gewinnorientierte Privatwirtschaft Tribut zollen.

taz: Die Bauwirtschaft steckt heute in der Krise. Der Wohnungsbau ist nicht profitabel genug. Die Vonovia hat ihre Neubaubudgets fast vollständig eingestampft – während allein in Berlin rund 130.000 Sozialwohnungen fehlen. Braucht es eine neue GEHAG?

Sie sprechen an, was ich erreichen will: Wenn sich die GEHAG-Gründung am 14. April zum hundertsten Mal jährt, organisiere ich eine Jubiläumsveranstaltung. Alle Organisationen und ihre Nachfolger kommen noch einmal zusammen, dazu das Bundesbauministerium. Ich erhoffe mir einen starken Anstoß, wieder einen gemeinwohlorientierten Wohnungsbau in Deutschland zu etablieren, den ich solidarischen Wohnungsbau nenne.

taz: Wie könnte ein solidarischer Wohnungsbau heute aussehen?

Es bräuchte einen Zusammenschluss – Solidarität – aller gesellschaftlicher Kräfte guten Willens: Ich denke da z.B. an einen Zusammenschluss unter dem Dach einer Aktiengesellschaft, in der ausgewählte Organisationen, sicherlich wieder Baugenossenschaften, genossenschaftliche Banken und Versicherungen, die Gewerkschaften, aber auch die Kirchen und vielleicht große Parteien wie die Grünen oder SPD, dabei sind. Diese könnten ihr Parteivermögen vernünftig anlegen.

taz: Wäre ein breiteres Bündnis auch die Lehre aus dem Ende der GEHAG?

Vielleicht war die Basis damals zu klein. Ist sie größer, könnte man sich besser gegen die private Bauwirtschaft behaupten. Auch Bedenken einer zögerlichen Verwaltung könnten gemindert werden – also all das, was wir heute fordern. Es wäre mal wieder Zeit, das in die Diskussion zu werfen. Mit den Bestrebungen des Bundesbauministeriums, die Gemeinnützigkeit im Wohnungsbau wiedereinzuführen, wäre eine wichtige Voraussetzung geschaffen.

taz: Fehlen nur noch Gewerkschaften. Die müssten Sie noch überzeugen.

Natürlich hängt das auch von Persönlichkeiten ab. Charaktere wie Carl Legien, Theodor Leipart oder Siegfried Aufhäuser kann man nicht in Gesetze gießen. Irgendwie erschienen die Gewerkschaften damals ganz froh um diesen Neue-Heimat-Skandal. Er bot die Möglichkeit, aus dem gemeinnützigen Wohnungsbau auszusteigen. Es braucht wieder große Gewerkschafter*innen – wie August Ellinger oder den Neugründer der GEHAG Karl-Heinz Peters.

taz: Womit wir wieder bei unserem Ausgangspunkt wären. Danke für das Gespräch.

»Taut Gelb« Hufeisensiedlung, Großsiedlung Britz, 1. und 2. Bauabschnitt, Terranova Nr. 8139, entspricht Keim Granital Nr. G 3173, gemäß Farbgutachten Architekturwerkstatt Pitz-Brenne

Anhang

Danksagung

Wir danken folgenden Institutionen und Einzelpersonen, die die Fachtagung und Publikation materiell ermöglicht haben:

und Dipl.-Ing. Bodo Göbel

 Die Industriegewerkschaft Bergbau, Chemie, Energie IGBCE stellte das Gründungshaus der GEHAG für die Veranstaltung kostenfrei zur Verfügung.

 Die Dienstleistungsgewerkschaft VER.DI ermöglichte Anreise und Unterkunft von Roland Issen, DAG.

Die folgenden Institutionen und Einzelpersonen haben unsere Bemühungen um die Fachtagung anlässlich 100 Jahre GEHAG ideell unterstützt:

Wir danken:

Herrn Dr. med. Tim K. Peters als Vertreter für seinen Vater Karl Heinz Peters, mit dem er 2016 noch das Buch »Von der Gemeinnützigkeit zum Profit Privatisierungsopfer Gehag – Herausforderung für alternative Wohnungspolitik« herausbrachte;

Herrn Fred-Raimund Winkler, Assistent im Vorstand der GEHAG, leitete später die Berliner Baugenossenschaft BBG und wurde mit dem Bundesverdienstkreuz ausgezeichnet;

Herrn Klaus Stöber, der Leiter der Portfolioabteilung, der die GEHAG-Immobilien in Ostberlin und der verflossenen DDR für das Unternehmen zurückgewann – eine davon ist das heutige Welterbe »Wohnstadt Carl Legien« in Berlin-Prenzlauer Berg;

Herrn Bernhard Freund, Leiter der Planungsabteilung der GEHAG in Berlin, interner Unternehmenswettbewerb Alt-Mariendorf, erster Preis und Realisierung Architekt Horst-Dieter Adam; Herrn Dr. Thomas Nolte, Leiter der Planungsabteilung der GEHAG in Berlin

Über die Autorinnen und Autoren

Dipl.-Ing. Steffen Adam, Mitglied im Vorstand des AIV-BB

Dipl.-Ing. Steffen Adam arbeitet im Bereich Entwicklung, Ertüchtigung und Umnutzung von Verkehrs- und Hochbauten im Bestand. 2010 war er im Büro Winfried Brenne Architekten mit der Einarbeitung der rund 3600 Details und Plänen in die digitale Informationsplattform zur Welterbesiedlung Britz (Hufeisensiedlung) betraut. 2019 entstand die öffentliche Präsentation zur Waldsiedlung Zehlendorf im Portikus des U-Bahnhofs Onkel-Toms-Hütte. Seit 2022 initiierte, organisierte und publizierte er über 30 Tages- und Fachveröffentlichungen, um den 100. Gründungstag der GEHAG mit einer Fachtagung zu würdigen und die vorliegende Publikation zu ermöglichen.

Sabine Ambrosius

Sabine Ambrosius ist seit 2020 Referentin für Welterbe im Landesdenkmalamt Berlin. Sie betreut denkmalfachlich und ordnungsbehördlich die drei Berliner Welterbestätten und fungiert als Sitemanagerin für die »Siedlungen der Berliner Moderne«. Sie ist sowohl im wissenschaftlichen Kontext als auch im Rahmen des Community Involvements Ansprechpartnerin für die durch das Landesdenkmalamt gesteuerten Welterbebelange. Dazu gehört auch die Betreuung der Berliner Tentativliste. Aktuell koordiniert sie die Erarbeitung des Nominierungsdossiers Waldsiedlung für die Einreichung an das UNESCO Komitee im Februar 2025. Sie studierte Kunstwissenschaft an der TU-Berlin und war viele Jahre Denkmalpflegerin in der Unteren Denkmalschutzbehörde Potsdam. Sie hat einen Lehrauftrag an der Freien Universität Berlin und ist u.a. Mitglied bei ICOMOS Deutschland.

Anis Ben-Rhouma, IGBCE Lausitz.

Anis Ben-Rhouma, Politikwissenschaftler M. A., am Institut für Sozialwissenschaften der TU Braunschweig, ist seit Mai 2024 Stellvertretender Leiter des IGBCE-Bezirks Lausitz, mit Sitz in Cottbus. Für die Branchen LEAG Kraftwerke, Energieerzeugung/AVEU, Industriedienstleister, Bergbausanierung, Keramik, Kunststoffe ist Herr Ben-Rhouma zuständig und trägt stellvertretend die politische Gesamtverantwortung. Er koordiniert die Ortsgruppenarbeit, die Sozialwahlen, Bildung, Öffentlichkeitsarbeit etc. Ein besonderes Anliegen ist Herrn Ben-Rhouma, als Mitglied im Mieterschutzbund e.V. Berlins, die Forderung an die Arbeitgeber, die Tradition der Werkswohnungen fortzusetzen.

Robert Drewnicki, IG Metall

Robert Drewnicki, Abschluss als Diplom-Politologe am Otto-Suhr-Institut der FU Berlin, Projektleiter im Regionalen Transformationsnetzwerk für die Fahrzeug- und Zulieferindustrie Berlin-Brandenburg für den Konsortialpartner IG Metall Berlin-Brandenburg-Sachsen/iftp im bfw des DGB mit den Schwerpunkten Beschäftigtensicherung, Qualifizierung, Fachkräftebindung und Mitbestimmung in der sozial-ökologischen Transformation der Fahrzeugindustrie

Rolf Erler

Rolf Erler kommt als einziger der hier Vorgestellten mit seiner Ausbildung zum Betriebsschlosser bei Continental in Korbach aus dem Handwerk. Er nutzte die Angebote zur Weiterbildung innerhalb der Gewerkschaft. Praktische Tätigkeiten in der Arbeitnehmervertretung qualifizierten ihn zu immer verantwortungsvolleren Leitungsfunktionen in Wuppertal, Düsseldorf, Bonn und Leverkusen. Seit 2015 ist er Bezirksleiter der Multibranchen-Gewerkschaft IGBCE im Bezirk Berlin-Mark Brandenburg. Herr Erler ist Mitglied der SPD und Fördermitglied des Vereins Gelbe Hand »Mach' meinen Kumpel nicht an!« – für Gleichbehandlung, gegen Rassismus e.V.

Annett Jura

Annett Jura, SPD, Volljuristin, 2015 Bürgermeisterin von Perleberg, wechselte 2022 ins Bundesministerium für Wohnen, Stadtentwicklung und Bauwesen und leitet die Abteilung Wohnungswesen und Immobilienwirtschaft. Schwerpunkte ihrer Tätigkeit im Ministerium sind das »Bündnis bezahlbarer Wohnraum«, die Stärkung des sozialen Wohnungsbaus sowie die Einführung einer neuen Wohngemeinnützigkeit und die Förderung des genossenschaftlichen Wohnens.

Dr. Thaetner

Dr. Thomas Thaetner, Fachanwalt für Bau- und Architektenrecht, Mitglied ARGE Baurecht, Privates Baurecht, Recht der HOAI (Architekten und Ingenieure), Baubegleitende Rechtsberatung, Vertragsgestaltung, Veröffentlichungen in der Zeit-schrift Immobilien- & Baurecht, Mitautor Praxiskommentar HOAI 2009/2013 (Kohlhammer) Seminare zum Vergabe-, Bau- und Architektenrecht, Inhouse-Schulungen / Bauleiterschulungen. Seit 2020 Rechtsanwalt und Partner bei BEUERMANN + PARTNER, 2006–2008 Lehrbeauftragter FHTW-Berlin

*Dipl.-Pol.
Reinhard Wenzel*

Reinhard Wenzel, Politikwissenschaftler, 2015–2018 Bildungsreferent des August Bebel Instituts, 2018-2024 dort Geschäftsführer und Studienleiter. 2019-2022 Projektleiter der Ausstellung »Der Dirigent der Weltstadt – Martin Wagner und das Neue Berlin«. 2008-2019 Stadtverordneter in Königs Wusterhausen, 2014-2018 Vorsitzender des Ausschusses für Stadtentwicklung, Wirtschaftsförderung, Tourismus und Kultur. 2008-2014 Mitglied des Kreistags von Dahme-Spreewald. 2006-2013 Mitarbeiter des Brandenburger Bundestagsabgeordneten Prof. Dr. Peter Danckert, 2009–2015 Mitarbeiter des Brandenburger Landtagsabgeordneten Klaus Ness.

*Prof. Dr. rer. pol.
Nikolaus Wolf,
HU-Berlin*

Dr. rer. pol. Nikolaus Wolf, seit 2010 Professor für Volkswirtschaftslehre und Wirtschaftsgeschichte an der Humboldt-Universität zu Berlin, 2018–2019: University of Oxford (UK), Visiting professor, 2006–2010: University of Warwick (UK), Dep. of Economics, Associate Professor (tenured 2008), 2004–2006: Freie Universität Berlin, Juniorprofessor für Wirtschaftsgeschichte, 2006–2006: Universitat Pompeu Fabra, Barcelona (Spanien), Visiting Ass. Professor, Bartels, C., Kersting, F. and Wolf, N. (2023): »Testing Marx. Capital accumulation, income inequality, and socialism in late 19th century Germany«, Review of Economics and Statistics (forthcoming)

Personen- und Ortsregister

Aufhäuser, Siegfried (AfA-Bund, 1917–1933) 9, 36, 38, 101, 146

Bachem, Dr. Heinrich (Direktor der Arbeiter- und Beamtenbank, 1924–1933) 9, 40–41

Bauhausgebäude, Dessau (Architekt Walter Gropius u. a., 1925–1926) 126

Behrens, Peter (Designer und Architekt, 1868–1940) 103

Böß, Gustav (Oberbürgermeister von Berlin, 1873–1946) 40

Cuno, Wilhelm (Reichskanzler, 22.11.1922–12.08.1923) 37–38, 105–106

Ebert, Friedrich (Reichspräsident, 1919–1925) 10–11, 38, 105, 107

Ebert, Wils (Architekt, Professor an der HfbK) 50

Ellinger, August (Gewerkschafter des Baugewerksbundes, 1880–1933) 7, 35–37, 39–40, 46, 71–73, 76, 94, 99–101, 107, 114–116, 143, 146

Emmerich, Paul (Architekt, 1876–1958) 126–127

Fowke, Francis (Bauingenieur, 1808–1877) 127

Franz, Rudolph (Physiker, Thermodynamik, 1826–1902) 126

Gartenstadt Falkenberg, Berlin-Grünau (Welterbe Siedlungen der Berliner Moderne, 2008) 26–27, 119, 142

Grashoff, Erich (Verwalter der Hufeisensiedlung Britz, GEHAG, 1925–1933) 49

Gropius, Walter (Architekt, Direktor des Bauhauses Weimar und Dessau, 1919–1928) 30, 50, 54, 101, 103, 109, 118, 120–121, 125–127

Großsiedlung Britz, Hufeisensiedlung (Welterbe Siedlungen der Berliner Moderne, 2008) 16, 24–26, 43–44, 49, 75, 78, 80-81, 90, 95–97, 101, 107, 118, 129, 142, 148

Gutschmidt, Franz (Vorsitzender der GEHAG, 1925–1933) 40, 49, 73–74

Häring, Hugo (Architekt, 1882–1958) 26, 101

Hennebique, François (Bauingenieur, Erfinder der modernen Stahlbetonbauweisen, 1842–1921) 120

Hilferding, Dr. Rudolf (Reichsfinanzminister, 13.08.1923–06.10.1923) 37–39, 95, 103–107

Hoffmann, Ludwig (Architekt und Stadtbaurat von Berlin, 06.02.1896–01.04.1924) 40–41

Howard, Ebenezer (Sozialreformer und Stadtplaner Garden cities of tomorrow, 1850–1928) 26, 113–114, 119

Kleihues, Josef Paul (Architekt, 1933–2004) 53

Kloß, Gustav (Leiter der Volksfürsorge Versicherungs.AG Berlin) 40–41

Kohn, Albert (Direktor der Allgemeinen Ortskrankenkasse AOK Berlin, 1911–1925) 9, 41, 70, 98, 101, 109–110, 112–114, 142

Legien, Carl (Vorsitzender des ADGB, 1919–26.12.1920) 9, 36, 38, 101, 146

Lesser, Ludwig (Landschaftsarchitekt, 1869–1957) 26, 28, 74

Linneke, Richard (Architekt, Geschäftsführer der DEWOG und GEHAG) 39, 40

Lüders, Marie-Elisabeth (Politikerin [DDP, FDP], Initiatorin und Leiterin der Reichsforschungsgesellschaft für Wirtschaftlichkeit im Bau- und Wohnungswesen, 1878–1966) 120–121

Luther, Hans (Reichsfinanzminister (06.10.1923–15.01.1925) 38–39, 107

Matheson, Robert (Architekt, 1823–1865) 127

May, Ernst (Architekt, Siedlungsdezernent von Frankfurt am Main, 1886–1970) 103, 109, 118, 120

Mebes, Paul (Architekt, Regierungsbaumeister, 1872–1938) 126–127

Meyer, Hannes (Bauhausdirektor, Architekt, 1889–1954) 109, 118

Mies van der Rohe, Ludwig (Architekt, Bauhausdirektor 1930–1933) 101, 103, 109, 127

Migge, Leberecht (Gartenarchitekt, 1881–1935) 24, 26, 30, 74

Mirus, Andreas (Konsumgenossenschaft Berlin und Umgebung, 1899–1933) 9, 40–41

Moholy-Nagy, László (Bauhaus-Meister, 1895–1946) 121

Monier, Joseph (Erfinder des modernen Stahlbetons, 1823–1906) 120

Muche, Georg (Bauhausmeister, Architekt, 1895–1987) 126

Mustersiedlung, Dessau-Törten (Architekten Hannes Meyer und Walter Gropius, 1926–1928) 118–119, 126

Oelsner, Gustav (Architekt, Stadtbaurat in Altona, 1879–1956) 109

Oud, Johannes Pieter (Architekt, 1890–1936) 24

Paeplow, Friedrich Fritz (Vorsitzender des Deutschen Baugewerksbundes, 1860–1934) 9, 36, 42, 117

Paulick, Richard (Architekt, 1903–1979) 126

Peters, Karl-Heinz (Vorsitzender der GEHAG, Jurist, 1952–1987) 7, 9, 44–45, 50, 54, 144, 146

Reichsforschungssiedlung Berlin-Haselhorst 76, 127

Rossow, Walter (Landschaftsarchitekt, 1910–1992) ?

Salvisberg, Otto-Rudolf (Architekt, 1882–1940) 26, 28, 101

Scharnowski, Ernst (DGB-Vorsitzender in Berlin) 50

Schumacher, Fritz (Architekt und Oberbaudirektor von Hamburg, 1886–1947) 103, 109, 118, 120

Schütte-Lihotzky, Margarete (Architektin, 1887–2000) 118

Siedlung Schillerpark, Berlin-Wedding (Welterbe Siedlungen der Berliner Moderne 2008) 8, 24–25, 32, 43, 95, 119, 142

Sommerfeld, Adolf (Holzbauingenieur, Unternehmer, Förderer des Neunen Bauens, 1886–1964) 121

Splanemannsiedlung, Berlin-Friedrichsfelde (erste deutsche Siedlung Großtafelbauweise, 1926–1930) 124–125, 144

Stöber, Klaus (Portfoliomanager der GEHAG) 9, 45–46, 53

Stresemann, Dr. Gustav (Reichskanzler 13.08.1923–23.11.1923) 37–38, 95, 106, 107

Taut, Bruno (Architekt, 1880–1938) 7, 10, 24, 26–30, 36, 40, 42, 49, 74, 93–95, 98–99, 101, 103, 109, 114, 117, 119–120, 141–142, 144

Taut, Max (Architekt, 1884–1967) 40, 101, 116, 120

Tessenow, Prof. Dr. Heinrich (Architekt, 1876–1950) 21

Wagner, Dr. Martin (Architekt, Stadtplaner, Sozialdemokrat, 1885–1957) 7, 24–26, 28, 30, 35–41, 46, 49, 54, 71–74, 76–78, 93–95, 98, 100–101, 103, 106–107, 109, 115–117, 120, 124, 142–144, 155

Waldsiedlung Zehlendorf, Onkel-Toms-Hütte (Tentativliste zum Welterbe, 2023) 23–24, 26–27, 40, 43, 75, 79, 81, 95, 101, 107, 118, 121–123, 153

Werkbundsiedlung Stuttgart-Weißenhof (1927) 127

Wiedemann, Gustav Heinrich (Physiker, 1826–1899) 126

Wohnstadt Carl Legien, Berlin-Prenzlauer Berg (Welterbe Siedlungen der Berliner Moderne 2008) 8–9, 28–29, 43, 45, 75, 81, 95, 101, 107

Wutzky, Emil (Stadtrat, Wohnungsfürsorgegesellschaft Groß-Berlin, 1920–1932) 9, 42, 101

Abbildungsnachweis

16.000 Wohnungen für Angestellte. Denkschrift herausgegeben im Auftrage der GAGfAH
    anlässlich ihres zehnjährigen Bestehens, Verlag Ernst Wasmuth A.G., Berlin 1928: S. 122 oben
50 Jahre GEHAG, 1974: S. 52 oben, 53
akg-images: Buchcover (unten)
Albert Gut »Der Wohnungsbau in Deutschland nach dem Weltkriege« München 1928: S. 73
Architekten und Ingenieurverein zu Berlin (Hrsg.): Berlin und seine Bauten, Teil II, Rechtsgrund-
    lagen und Stadtentwicklung, Verlag von Wilhelm Ernst & Sohn, Berlin 1964: S. 63, 65
BMWSW: S. 135, 154 Mitte
Bodo Göbel: Buchcover (oben), S. 10
bpk / Kunstbibliothek, SMB, Photothek: Willy Römer: S. 121
Bureau des Reichstags (Hrsg.): Reichstags-Handbuch, Berlin 1928: S. 38 oben rechts
Bureau des Reichstags (Hrsg.): Handbuch der verfassunggebenden deutschen Nationalversamm-
    lung, Weimar 1919, Carl Heymans Verlag, Berlin: S: 38 oben links
Das Neue Berlin, 1929: S. 120 oben rechts
Deutsche Bauzeitung vom 3.12.1930, Anhang St, Nr. 18: S. 122 unten, 123 oben
Die wirtschaftlichen Unternehmungen der Arbeiterklasse (WUA), Berlin 1928 [19]: S: 116, 117
Dr. Tim K. Peters: S. 54
Eigene Darstellung nach Fey (1936): S. 75 unten
Eigene Darstellung nach Witt (1979), Tabelle 1: S. 75 oben
Einfa-Nachrichtenblatt der GEHAG: S. 43
GEHAG 1924–1957: S. 46, 51
Gemeinfrei: S. 38 unten links und rechts, 39, 41, 42 Mitte und unten links, 42 oben und unten
    rechts, 55 links, 105, 112, 120 unten links
Golowtschikow, 24.12.1933, Tokio: S: 94, 120 unten rechts
Landesdenkmalamt Berlin: S. 31 unten
LDA-Archiv Wolfgang Bittner: S. 25 oben, 27, 29, 31 oben
LDA-Archiv Wolfgang Reuss: S. 25 unten
Libuda, Lichtschwaermer: S. 11, 12, 13, 14, 15, 19, 152 unten, 153 oben, 154 oben, 154 unten, 155
Otto Schwerin; Quelle: Deutsches Kunstarchiv im Germanischen Nationalmuseum Nürnberg,
    NL May B-2, 62, 1. Juli 1926: S. 120 oben links
Reinhard Wenzel: S. 52 unten
Statisches Reichsamt, Statistisches Jahrbuch für das Deutsche Reich 1933: S. 77
Steffen Adam: S. 96 oben, 123 unten, 126, 129
Tagesspiegel vom 25. Mai 1991, Nr. 13880: S. 45
Universität Bielefeld: S: 55 rechts
Walter Mittelholzer, Flug nach Berlin, 20.2.–3.3.1933. Reportage mit 29 Bildern Hufeisensiedlung
    Berlin, ETH-Bibliothek_LBS_MH02-15-0006: S. 6
Wirtschaftliche Unternehmungen der Arbeiterbewegung, Verlagsgesellschaft des Allgemeinen
    Deutschen Gewerkschaftsbundes GmbH, Berlin 1928: S. 44
August Ellinger: Zehn Jahre Bauhüttenbewegung: S. 37, 42 oben links, 42 Mitte rechts, 100, 116, 117

Bibliografische Information der Deutschen Nationalbibliothek
Die Deutsche Nationalbibliothek verzeichnet diese Publikation in der Deutschen Nationalbibliografie; detaillierte bibliografische Daten sind im Internet über http://dnb.d-nb.de abrufbar.

Alle Rechte vorbehalten.
Dieses Werk, einschließlich aller seiner Teile, ist urheberrechtlich geschützt. Jede Verwertung außerhalb der engen Grenzen des Urheberrechtsgesetzes ist ohne Zustimmung des Verlages unzulässig und strafbar. Das gilt insbesondere für Vervielfältigungen, Übersetzungen, Mikroverfilmungen, Verfilmungen und die Einspeicherung und Verarbeitung auf DVDs, CD-ROMs, CDs, Videos, in weiteren elektronischen Systemen sowie für Internet-Plattformen.

Zu Fragen der Produktsicherheit wenden Sie sich bitte an herstellung@bebraverlag.de

Der BeBra Wissenschaft Verlag ist ein Imprint des BeBra Verlags.

© 2025 BeBra Verlag GmbH
Asternplatz 3, 12203 Berlin
post@bebraverlag.de
Umschlag: typegerecht Berlin
Satzbild: Friedrich, Berlin
Schrift: Minion Pro 10/13 pt
Gedruckt in der Europäischen Union
ISBN 978-3-95410-344-7

www.bebra-wissenschaft.de